COMPRENDRE L'INFLUENCE DU MONDE SPIRITUEL DANS NOTRE VIE

La Bible en parle !

Du même auteur

FAIRE UN AVEC L'ESPRIT DE VÉRITÉ !
Comment se rendre à la cité du Dieu vivant ?

Transformation Spirituelle et Influence Culturelle
Un voyage de foi

Elie Kassim

COMPRENDRE L'INFLUENCE DU MONDE SPIRITUEL DANS NOTRE VIE

La Bible en parle !

Copyright © 2025 par Elie Kassim
Édition : BoD · Books on Demand, 31 avenue Saint-Rémy, 57600 Forbach, bod@bod.fr
Impression : Libri Plureos GmbH, Friedensallee 273, 22763 Hamburg (Allemagne)
ISBN: 978-2-3225-4233-8
Dépôt légal : Janvier 2025

Épigraphe

Nous tous donc qui sommes parfaits,
ayons cette même pensée ; et si vous êtes en quelque point d'un
autre avis,
Dieu vous éclairera aussi là-dessus.
Philippiens 3:15

Table des matières

Elie Kassim

Le jour où ma vie a pris un tournant décisif...
C'est mon histoire !

Elie Kassim a grandi au sein d'une famille musulmane,
porté par une grande passion pour la spiritualité.
En 2018, sa rencontre transformative avec le Christ a marqué le début de son engagement profond en tant que chrétien, déterminé à répandre la bonne nouvelle de l'Évangile.

Ses jours ont depuis été jalonnés d'expériences surnatu-
relles, touchant même à l'aspect de sa santé, des expériences qui continuent de se manifester aujourd'hui.
Il a réalisé que la vie chrétienne se devait d'être
une existence où le surnaturel de Dieu se vit
à chaque instant.

Les divinités terrestres et leur influence spirituelle

I CHAPITRE

Dieu s'exprime de multiples façons mais, souvent, on ne prend pas le temps de l'écouter. Je me souviens avec précision de cet instant où le Seigneur m'a encouragé à parler des divinités terrestres. Je dois être honnête : à l'époque, cela ne suscitait pas particulièrement mon intérêt. Ce qui passionnait mon cœur, c'était le retour de Jésus-Christ notre Sauveur.

Cependant, à travers l'Esprit-Saint, j'ai appréhendé combien il est crucial d'aborder l'influence de ces fausses divinités, de dévoiler les esprits qui se dissimulent derrière elles, en utilisant la sagesse et la parole de Dieu pour éclairer nos pensées.

Ainsi, avec humilité et guidé par sa grâce, je me suis donné pour mission de transmettre aux enfants de Dieu ce message précieux que j'ai reçu au cours des derniers mois. Ce livre représente cette tentative sincère de partager cette révélation et d'apporter la lumière sur un sujet qui me paraissait auparavant si étranger.

Rappelez-vous ce que Jésus nous a dit dans Jean 16:12 : *J'ai encore beaucoup de choses à vous dire, mais vous ne pouvez les porter maintenant*, mais quand l'Esprit de vérité viendra, les choses seront différentes.

Vous remarquerez aussi, si vous êtes en Christ, que la connaissance dans l'Église et dans le monde, ces dernières années, n'a pas arrêté d'augmenter. C'est à cause de la prophétie de Daniel 12:4 : *Toi, Daniel, tiens secrètes ces paroles, et scelle le livre jusqu'au temps de la fin. Plusieurs alors le liront, et la connaissance augmentera.*

Par là aussi, nous pouvons prendre conscience du fait que nous sommes sur la dernière ligne droite avant l'enlèvement de l'Église de Christ.

Après ce bref interlude, continuons notre approfondissement sur les divinités terrestres, en examinant ensemble les rôles et les attributs des douze principaux dieux olympiens.

1. Zeus : chef de tous les dieux grecs

Nous allons commencer par le plus connu d'entre eux, puisqu'il est présent dans beaucoup de films, tels que *Jason et les Argonautes* (1963), *Hercule* (1997), *Le Choc des Titans* (1981 et 2010), *La Colère des Titans* (2012), *Percy Jackson : le voleur de foudre* (2010), *Les Immortels* (2011), *Hercule à New York* (1970), etc.

Nous le retrouvons aussi dans de nombreux dessins animés, dans des bandes dessinées, dans des jeux vidéo, même sur les bancs de l'école.

Je suppose que vous avez deviné qu'il s'agissait de Zeus, le dieu du ciel et de la foudre, souverain de tous les dieux de l'Olympe. Il est assimilé à Jupiter par les Romains.

Ses armes de prédilection sont, bien sûr, la foudre, offerte par les cyclopes – les géants de la mythologie – ainsi que son bouclier et son sceptre. De plus, il est souvent associé à l'aigle.

Quand on lit ce petit descriptif sur le dieu des dieux, Zeus, nous comprenons, à la lumière de la parole de Dieu, que Satan est le père du mensonge et qu'il n'y a point de vérité en lui depuis le commencement.

Que grâce soit rendue au Seigneur, car le Fils de Dieu est venu pour détruire les œuvres du diable.

Il est important de noter que Zeus est souvent mis en parallèle avec le Dieu suprême, celui sans commencement ni fin, qui déclare que le Ciel est son trône, et la Terre, son marchepied, et qui contrôle toute chose, y compris la foudre.

Pour preuve, lisons le Livre des Psaumes 18:14 :

Il lança ses flèches et dispersa mes ennemis, Il multiplia les coups de la foudre et les mit en déroute.

Le plus subtil se cache dans les autres attributs de Zeus ; le bouclier, le sceptre et l'association à l'aigle. Débutons par ce dernier et regardons ensemble les sept principales caractéristiques de l'aigle royal. Celui-ci symbolise la force, la puissance, la stabilité, la concentration, l'endurance, la persévérance et la capacité. C'est exactement ce qui se passe avec ceux qui se confient en l'Éternel :

1. Ils ne se lassent pas.
2. Ils ne chancellent pas.
3. Ils ne se fatiguent point.
4. Ils renouvellent leur force.
5. Ils marchent.
6. Ils courent.
7. Ils prennent leur vol comme les aigles.

Lire Ésaïe 40:31.

Le choix du sceptre n'est pas anodin, puisqu'il symbolise dans la Bible le règne, la puissance et la justice de Dieu.

Pour preuve, allons lire ensemble l'Épître aux Hébreux 1:8 :

Mais il a dit au Fils : Ton trône, ô Dieu, est éternel ; Le sceptre de ton règne est un sceptre d'équité ;

Alors que le bouclier représente la protection de Dieu dans notre vie. C'est précisément ce que le Seigneur a *dit à Abram : ne crains point ; je suis ton bouclier, et ta récompense sera grande* (Genèse 15:1).

En résumé, Zeus est une figure fondamentale de la mythologie grecque, souvent caractérisée par des traits de pouvoir, d'autorité et de majesté. Il incarne une figure emblématique et joue le rôle du roi des dieux, gardant le contrôle sur les éléments célestes, en particulier la foudre et le ciel.

Il occupe une place centrale, primordiale, dans la généalogie et la hiérarchie des dieux de l'Olympe au sein de la mythologie grecque. Fils de **Cronos** et de **Rhéa**, Zeus a réussi à détrôner son père grâce à sa ruse légendaire. Époux d'**Héra**, il est le père de plusieurs **dieux** et **déesses**, dont **Arès, Athéna, Hercule et bien d'autres encore...**

2. Et si on parlait d'Héra : la femme de Zeus et la déesse du mariage ?

Elle est une déesse importante de la mythologie grecque, connue pour être la reine des dieux et l'épouse de Zeus. Voici quelques éléments caractéristiques la concernant :

- **Titres et rôles** : Héra est souvent désignée comme la déesse du mariage, de la famille et de la maternité. En tant qu'épouse de Zeus, elle est également considérée comme la reine de l'Olympe ; ce lieu où résident les dieux grecs.

- **Attributs** : Héra est associée à plusieurs attributs symboliques, notamment le paon – symbole de beauté et de fierté dans la mythologie grecque –, fréquemment représenté aux côtés de la déesse en raison de sa beauté et de son prestige.

- **Personnalité** : Héra est souvent dépeinte comme une déesse puissante, mais aussi jalouse et vindicative. Son mariage tumultueux avec Zeus est souvent le sujet de mythes et de légendes, marqués par ses tentatives de punir les amantes de Zeus et les enfants illégitimes qu'il engendre avec d'autres déesses et mortelles.

- **Culte** : Héra est vénérée dans toute la Grèce antique. Des temples et des sanctuaires sont érigés en son honneur. Son culte est souvent associé aux rites matrimoniaux et familiaux. Elle est invoquée pour bénir les mariages et protéger les femmes enceintes.

Aujourd'hui, elle est présente dans divers films et dessins animés, tels que *Percy Jackson : le voleur de foudre* (2010), *Hercule* de Walt Disney (1997) et *Wonder Woman* (2009).
Encore plus surprenant, son motif s'est popularisé sous forme de tatouage, choisi par plusieurs individus. Elle se classe parmi les tatouages les plus appréciés, en concurrence avec Aphrodite.

3. Aphrodite, figure emblématique de l'amour : intéressons-nous à son rôle !

Nous savons qu'Aphrodite est la déesse de la beauté, de l'amour, du plaisir et de la procréation, de la séduction, mais aussi de la fécondité dans la religion grecque. Elle est l'équivalent de Vénus (la déesse de la mythologie romaine).

Aphrodite est un personnage très important dans la mythologie. Elle fait partie des douze dieux olympiens qui siègent autour de Zeus sur le mont Olympe.

En raison de son association avec l'amour et la beauté, de nombreuses jeunes filles se font dessiner ou tatouer son image sur diverses parties du corps.

4. Portons aussi notre regard sur Athéna : la déesse de la guerre astucieuse et stratégique

Avant tout, déesse de la *guerre* et de la sagesse, Athéna a d'autres fonctions, secondaires : déesse de la *stratégie* et des inventions, protectrice des héros, patronne des artisans... Elle est aussi la patronne de la cité d'Athènes, ville dans laquelle le Parthénon lui est consacré.

Déesse du combat, elle livre bataille en première ligne sous la forme d'Athéna Promachos.

Athéna, la déesse grecque de la sagesse et de la stratégie militaire. Elle est souvent représentée portant un casque sur la tête, symbolisant son rôle de déesse guerrière et protectrice.

Son personnage est bien connu grâce aux nombreux films qui la mettent en scène.

5. Hermès : Dieu qui conduit les âmes aux enfers, pas moins que ça !

Hermès était le dieu grec antique du commerce, de la richesse, de la chance, de la fertilité, de l'élevage, du sommeil, du langage, des voleurs et des voyages. L'un des plus malins et des plus espiègles des douze dieux de l'Olympe. **Hermès** était leur hérault et leur messager.

Il assure aussi la conduite des âmes aux enfers et est célébré comme étant l'inventeur des poids et des mesures. Ses attributs incluent le caducée, les sandales ailées, le casque ainsi qu'une bourse d'argent.

Son principal symbole, le caducée, était le bâton magique du dieu grec Hermès (Mercure chez les Romains). Ce symbole universel se retrouve également en Égypte, en Mésopotamie et en Inde, où il est depuis toujours synonyme de paix, d'harmonie et d'équilibre.

L'attribut d'Hermès est l'emblème des médecins pour commencer. Son caducée est fait d'une baguette couronnée de deux ailes et enroulée par deux serpents entrelacés...

De nos jours, le dieu Hermès est une marque déposée et une manufacture internationale offrant une gamme de produits allant des parfums à la maroquinerie, en passant par les vêtements et les montres. C'est assez drôle.

6. Apollon, associé à la lumière ? Voilà une information que j'ignorais !

Apollon est décrit comme un **dieu** lunaire : son arc est d'argent, couleur liée à la nuit et à la lune. Ensuite, de multiples évolutions l'amèneront à devenir un **dieu** solaire (son surnom poétique, Phœbus, signifie « **lumière** »). Son arc et ses flèches renvoient d'ailleurs aux rayons solaires.

Apollon est un grand dieu grec, associé à l'arc, à la musique et à la divination. **Incarnant la jeunesse et la beauté, source de vie et de guérison, patron des arts civilisés et aussi brillant et puissant que le soleil en personne**, il était, sans doute, le plus aimé de tous les dieux grecs.

7. Poséidon : le dieu des mers, dont la renommée a été amplifiée par les productions cinématographiques hollywoodiennes

Dès l'époque des épopées homériques, **Poséidon est** défini comme étant le **dieu** de la mer, trait qu'il conserve durant le reste de l'histoire grecque.

Poséidon peut soulever les mers et calmer les tempêtes à l'aide de son trident, forgé par les cyclopes pendant la guerre contre les Titans.

8. Héphaïstos est la seule divinité grecque qui personnifie un élément naturel, le feu

Le dieu du feu, de la métallurgie et des volcans. On le reconnaît à son marteau, sa béquille, son enclume et sa masse.

Il est **à l'origine du feu souterrain, puis des foyers domestiques et artisanaux, maître des arts de la forge et du travail des métaux.**

9. Arès, le dieu grec de la guerre, est peut-être le plus détesté des dieux olympiens à cause de son tempérament explosif, de son agressivité et de sa quête incessante de conflit

Il possède **une force divine surhumaine qui lui permet de soulever – ou d'exercer une pression équivalente à – plus de 75 tonnes**. Parmi les Olympiens, seuls Zeus et son fils Hercule le surpassent dans ce domaine.

Arès est le dieu de la guerre sauvage, contrairement à Athéna (la déesse de la guerre stratégique). Il aime se battre simplement pour le plaisir du sang et pour les joies de la guerre.

10. Artémis :
Sœur jumelle d'Apollon, la déesse de la nature sauvage et de la chasse

Elle est identifiée comme étant la déesse de la chasse, des espaces sauvages et de la lune. Artémis portait un arc en argent, produit par les cyclopes, et accompagnée d'une meute de chiens de chasse, fournie par Pan.

11. Hestia est l'une des déesses les plus vénérées de la Grèce antique et connue pour sa sobriété

C'est la déesse du foyer, de la maison, de l'hospitalité et du feu domestique.

12. Hadès : le dieu des enfers devient une divinité de la mort

Comme Zeus gouverne le ciel, et Poséidon, la mer, Hadès règne sous la terre et, pour cette raison, est souvent considéré comme le « maître des enfers ».

Réputé pour son chien à trois têtes, Cerbère qui garde les enfers, et pour avoir capturé Héraclès (Hercule) lors des douze travaux, Hadès est celui qui juge les âmes. Il envoie :

> • les bonnes âmes aux Champs Élysées, le paradis de la mythologie grecque ;

- les âmes damnées dans les abîmes du Tartare.

Maintenant que nous avons fait le tour de ce que nous avions appris à l'école sur le panthéon des douze dieux olympiens, examinons ensemble ce que la Bible mentionne à ce sujet.

La première fois que nous entendons parler de Zeus, c'est dans Actes 14. Il y apparaît sous le nom de Jupiter, accompagné de Mercure – qui n'est autre que le dieu Hermès chez les Grecs.

Paul et Barnabas se trouvent à ce moment à Lystre. Ils prêchent la Bonne Nouvelle de l'Évangile. Il y a là un homme impotent qui les écoute. Comme Paul voit qu'il a la foi, il lui demande de se lever et de se tenir sur ses pieds et ce dernier se lève, et marche.

Actes 14:11-12
À la vue de ce que Paul avait fait, la foule éleva la voix, et dit en langue lycaonienne : les dieux sous

une forme humaine sont descendus vers nous. Ils appelaient Barnabas Jupiter, et Paul Mercure, parce que c'était lui qui portait la parole.

Pour rappel :

- Jupiter (chez les Romains) ou Zeus (chez les Grecs).
- Mercure (chez les Romains) ou Hermès (chez les Grecs).

Dans Actes 28:11, après son voyage à Malte, Paul a pris place à bord d'un bateau en provenance d'Alexandrie, arborant l'enseigne des Dioscures, Castor et Pollux, après avoir passé l'hiver sur l'île.

Il faut savoir que Castor et Pollux sont, dans la mythologie grecque, les fils jumeaux de **Zeus**. Ces derniers sont aussi appelés les Dioscures, ce qui signifie les « fils de Zeus » en grec.

Ensuite, nous rencontrons, dans Actes 19, Diane ou Artémis... Surnommée l'Artémis d'Éphèse, la déesse romaine de nombreux peuples d'Asie, différente de l'Artémis grecque, la sœur d'Apollon.

Un magnifique temple lui était consacré à Éphèse, qui fut incendié par Herostratus et réduit en cendres, mais finalement reconstruit sous Alexandre le Grand. Un nouvel édifice particulièrement somptueux.

Dans Luc 10:15, Jésus nous parle du séjour des morts :

Et toi, Capernaüm, qui as été élevée jusqu'au ciel, tu seras abaissée jusqu'au séjour des morts [...].

Il faut comprendre ici qu'Hadès chez les Grecs (ou Pluton chez les Romains) évoque le dieu des profondeurs de la terre, c'est-à-dire du séjour des morts.

Dans Matthieu 16:18, Jésus utilise encore le même mot :

Et moi, je te dis que tu es Pierre, et que sur cette pierre je bâtirai mon Église, et que les portes du séjour des morts (Hadès) *ne prévaudront point contre elle.*

Les abîmes reviennent également dans 2 Pierre 4 :

Car, si Dieu n'a pas épargné les anges qui ont péché, mais s'il les a précipités dans les abîmes de ténèbres et les réserve pour le jugement [...].

Les abîmes sont une région encore plus profonde que l'Hadès et que l'on appelle le Tartare. D'ailleurs, si vous avez vu le film *La Colère des Titans,* vous vous souviendrez de cet endroit.

Il faut savoir que, dans la mythologie grecque, Tartare (en grec ancien Τάρταρος/Tártaros) est un **dieu grec primordial des abysses, fils du Chaos.**

Ce même Tartare correspond, pour les Juifs au temps de Jésus, à la géhenne que l'on retrouve à plusieurs reprises dans les Évangiles comme dans Matthieu 10:28 :

Ne craignez pas ceux qui tuent le corps et qui ne peuvent tuer l'âme ; craignez plutôt celui qui peut faire périr l'âme et le corps dans la géhenne.

Bien d'autres divinités encore sont évoquées dans la Bible, dont certaines sont plus anciennes que les dieux grecs.

À l'exemple du dieu Dagon, signifiant « poisson »...

Ce dernier, représenté par une sirène, mais mâle, ou par un homme avec une queue de poisson, était le dieu des semences et de l'agriculture chez les peuples d'origine sémite, mais également l'un des dieux des Philistins, que nous retrouvons dans :

Juges 16:23
1 Samuel 5:2-7
1 Chroniques 10:10

À noter :

Aujourd'hui, les Philistins n'ont plus de pays propre. La région dans laquelle ils habitaient autrefois est constituée de ce qui est aujourd'hui **Israël et la bande de Gaza palestinienne**. Il convient également de mentionner que le nom Palestine vient des Romains, qui l'ont rebaptisée ainsi.

Nous pouvons aussi nous demander, à juste titre, qui sont les Sémites. Avant tout, les Sémites sont les descendants de Sem. On sait que Noé avait trois fils : Sem, Cham et Japhet, n'est-ce pas ?

Comme l'indique Genèse 9:18 :

Les fils de Noé, qui sortirent de l'arche, étaient Sem, Cham et Japhet. Cham fut le père de Canaan.

Les Japhétites ont alors rempli l'Europe.

Les Sémites se sont rendus dans l'Asie du Proche-Orient ancien.

Les Chams (qui veut dire « visage brûlé ») se sont, eux, répandus en Afrique.

Il y est aussi question du dieu Kemosch, le « subjugueur » au sens de celui qui met sous son joug, qui asservit. Il est le dieu des Moabites et des Ammonites, descendance directe de deux filles de Loth, qui est, lui, le neveu d'Abraham...
Lire Genèse 19.

À noter :

Il est mentionné une parenté entre Israël, les Moabites et les Ammonites, soulignant l'existence de liens entre ces peuples anciens. À savoir que les Ammonites ont émergé dès le XIIIe siècle av. J.-C., notamment leur capitale « Rabba des Ammonites », qui correspond à l'actuelle Amman en Jordanie.

Les trois versets qui concernent le dieu Kemosch sont les suivants :

Juges 11:24

Ce que ton Dieu Kemosch te donne à posséder, ne le posséderais-tu pas ? Et tout ce que l'Éternel, notre Dieu, a mis en notre possession devant nous, nous ne le posséderions pas !

1 Rois 11:7

Alors Salomon bâtit sur la montagne qui est en face de Jérusalem un haut lieu pour Kemosch, l'abomination de Moab, et pour Moloc, l'abomination des fils d'Ammon.

Le dieu Moloc signifie « roi » ou « conseiller ».

Il s'agit du dieu des Ammonites et des Phéniciens pour qui certains Israélites sacrifiaient leurs enfants dans la vallée de Hinnom.

1 Rois 11:33

Et cela, parce qu'ils m'ont abandonné, et se sont prosternés devant Astarté, divinité des Sidoniens, devant Kemosch, Dieu de Moab, et devant Milcom, Dieu des fils d'Ammon, et parce qu'ils n'ont point marché dans mes voies pour faire ce qui est droit à mes yeux et pour observer mes lois et mes ordonnances, comme l'a fait David, père de Salomon.

Il y a aussi le dieu Merodac de la civilisation babylonienne, le joyau de l'ancien monde, gouvernée par le roi Nebucadnetsar.

Merodac signifie « rébellion » ou « carnage »...

Aujourd'hui, la ville de l'ancienne Babylone est située dans l'Irak actuel, à environ quatre-vingt-dix kilomètres de Bagdad. La Babylonie correspond à l'ensemble géographique appelé « **Basse-Mésopotamie** », soit la plaine alluviale établie entre Bagdad et le golfe Persique.

Le dieu Merodac est évoqué dans :

Jérémie 50:2 :

Annoncez-le parmi les nations, publiez-le, élevez une bannière ! Publiez-le, ne cachez rien ! Dites : Babylone est prise ! Bel est confondu, Merodac est brisé ! Ses idoles sont confondues, ses idoles sont brisées !

N'oublions pas non plus Jézabel (qui veut dire « impidique »), l'épouse du roi d'Israël Achab, qui a introduit le culte de baal, une divinité des Phéniciens ou des Cananéens.

Il y a également Astarté qui, malheureusement, vénérée par le roi Salomon.

Puis, le dieu Baal (qui signifie « possesseur »), que nous retrouvons dans :

1 Rois 19:18 :

Mais je laisserai en Israël sept mille hommes, tous ceux qui n'ont point fléchi les genoux devant Baal, et dont la bouche ne l'a point baisé.

Avant de conclure notre long résumé sur ces différentes divinités, il faut savoir que la déesse Astarté est généralement associée au dieu Baal...

1. C'est la divinité féminine principale des Phéniciens, adorée pour la guerre et la fertilité.

2. Également appelée « Ishtar » en Assyrie, Astarté est son nom pour les Grecs et les Romains.

Vous vous demandez certainement pourquoi je vous parle de toutes ces divinités, n'est-ce pas ?

Parce qu'il est important de connaître ces références pour mieux appréhender les influences spirituelles et culturelles qui ont façonné l'histoire humaine et la foi chrétienne jusqu'à notre époque. Il est primordial pour les chrétiens de comprendre que tout ce qui se trouve dans le monde matériel a une version spirituelle.

C'est précisément ce que nous allons détailler dans les prochains chapitres de ce livre, afin de bien saisir l'impact du monde spirituel dans notre vie de tous les jours...

La lumière du monde : Révélation et salut en Jésus-Christ

Tout d'abord, si vous êtes chrétien, sachez que derrière chaque divinité des panthéons de la mythologie, qu'elles soient grecques, nordiques, romaines, égyptiennes ou autres, se trouvent être des anges déchus. Cependant, la vérité se révèle bien plus profonde que cette idée.

En réalité, encore à notre époque, toutes les religions de ce monde sont concernées, à l'exception du christianisme, mais cela, à une seule condition : il faut naître d'en haut afin que la Parole s'accomplisse pour chaque être humain sur la terre des hommes :

Jean 1:9-13

Cette lumière était la véritable lumière, qui, en venant dans le monde, éclaire tout homme. Elle était dans le monde, et le monde a été fait par elle, et le monde ne l'a point connue. Elle est venue chez les siens, et les siens ne l'ont point reçue.

Mais à tous ceux qui l'ont reçue, à ceux qui croient en son nom, elle a donné le pouvoir de devenir enfants de Dieu, lesquels sont nés, non du sang, ni de la volonté de la chair, ni de la volonté de l'homme, mais de Dieu.

Cette lumière, dont il est question, figure aussi dans le Livre de la Genèse, lorsque Dieu dit : *Que la lumière soit* et elle apparut. Cette lumière équivaut à la Parole, conformément à ce qui est mentionné dans le Livre de Jean au chapitre 1.

Jean 9:14

Et la parole a été faite chair, et elle a habité parmi nous, pleine de grâce et de vérité ; et nous avons contemplé sa gloire, une gloire comme la gloire du Fils unique venu du Père.

Cette parole est la véritable lumière et elle est venue sur Terre il y a plus de deux mille ans.

Je me rappelle encore, comme si c'était hier, l'un des premiers passages qui m'a interpellé en lisant la Bible, le moment où les Pharisiens demandent à Jésus ce qu'il prétend être :

Jean 8:54-59

Jésus répondit : Si je me glorifie moi-même, ma gloire n'est rien. C'est mon Père qui me glorifie, lui que vous dites être votre Dieu, et que vous ne connaissez pas. Pour moi, je le connais ; et, si je disais que je ne le connais pas, je serais semblable à vous, un menteur. Mais je le connais, et je garde sa parole. Abraham, votre père, a tressailli de joie de ce qu'il verrait mon jour : il l'a vu, et il s'est réjoui. Les Juifs lui dirent : Tu n'as pas encore cinquante ans, et tu as vu Abraham ! Jésus leur dit : En vérité, en vérité, je vous le dis, avant qu'Abraham fût, je suis. Là-dessus, ils prirent des pierres pour les jeter contre lui ; mais Jésus se cacha et sortit du Temple.

La violence de la réaction des Juifs à son affirmation – « JE SUIS » – montre qu'ils ont parfaitement compris la signification de ses propos : Jésus s'identifie au Tout-Puissant à travers ce « JE SUIS » exprimé par Dieu sur le mont Sinaï :

Exode 3:14 :
Dieu dit à Moïse : Je suis celui qui est. Et il ajouta : C'est ainsi que tu répondras aux enfants d'Israël : Celui qui s'appelle « je suis » m'a envoyé vers vous.

Jésus-Christ a employé la même expression, « JE SUIS », dans sept affirmations à propos de lui-même, des images symboliques frappantes qui expriment qu'il est venu sauver le monde.

Ces affirmations se trouvent toutes dans l'Évangile de Jean.

En voici un aperçu :

JE SUIS le pain de vie

Jean 6:35 :
Jésus leur dit : Je suis le pain de vie. Celui qui vient à moi n'aura jamais faim, et celui qui croit en moi n'aura jamais soif.

Jean 6:48 :
Je suis le pain de vie.

Jean 6:51
Je suis le pain vivant qui est descendu du ciel. Si quelqu'un mange de ce pain, il vivra éternellement ; et le pain que je donnerai, c'est ma chair, que je donnerai pour la vie du monde.

JE SUIS la lumière du monde.

Jean 8:12 :
Jésus leur parla de nouveau, et dit : Je suis la lumière du monde ; celui qui me suit ne marchera

pas dans les ténèbres, mais il aura la lumière de la vie.

JE SUIS la porte des brebis.

Jean 10:7 :

Jésus leur dit encore : En vérité, en vérité, je vous le dis, je suis la porte des brebis.

Jean 10:9 :

Je suis la porte. Si quelqu'un entre par moi, il sera sauvé ; il entrera et il sortira, et il trouvera des pâturages.

JE SUIS le bon berger.

Jean 10:11 :

Je suis le bon berger. Le bon berger donne sa vie pour ses brebis.

Jean 10:14 :

Je suis le bon berger. Je connais mes brebis, et elles me connaissent.

JE SUIS la résurrection et la vie.

Jean 11:25 :
Jésus lui dit : Je suis la résurrection et la vie. Celui qui croit en moi vivra, quand même il serait mort.

JE SUIS le chemin, la vérité et la vie.

Jean 14:6 :
Jésus lui dit : Je suis le chemin, la vérité, et la vie. Nul ne vient au Père que par moi.

JE SUIS le vrai cep.

Jean 15:1 :
Je suis le vrai cep, et mon Père est le vigneron.

Kenneth Hagin a dit un jour : « Recevoir Jésus est un acte volontaire de l'homme qui agit selon la Parole de Dieu (La Bible). L'homme sait qu'il n'a pas de Sauveur, qu'il est impuissant à s'approcher de

Dieu et qu'il est privé de la vie éternelle. Mais il peut lever ses regards vers Dieu et prier :

- Père, je viens à toi au nom du Seigneur Jésus-Christ. Je sais que Tu ne me rejetteras pas, car tu dis dans ta Parole : "...Je ne mettrai pas dehors celui qui vient à moi. "

- Je crois dans mon cœur que Jésus-Christ est le Fils de Dieu, qu'il est mort pour mes péchés, selon les Écritures.

- Je crois qu'il est ressuscité d'entre les morts, afin que je sois justifié selon les Écritures. "Justifié" veut dire réconcilié avec Dieu.

- Je crois que la mort, l'ensevelissement et la résurrection de Christ m'ont réconcilié avec Dieu.

- Je reçois Jésus comme mon Sauveur et confesse qu'Il est mon Seigneur.

- Ta Parole dit : "Quiconque invoquera le nom du Seigneur sera sauvé." J'invoque

Ton nom maintenant et je sais que je suis sauvé.

• Tu dis également : "Si tu confesses de ta bouche le Seigneur Jésus, et si tu crois dans ton cœur que Dieu l'a ressuscité d'entre les morts, tu seras sauvé." Je le confesse de ma bouche et le crois dans mon cœur. Donc, je suis sauvé.

• Tu as déclaré : "...en croyant du cœur, on parvient à la justice." Et je crois dans mon cœur que je suis justifié aux yeux de Dieu.

• Tu as également affirmé : "...en confessant de la bouche, on parvient au salut." C'est pourquoi je confesse de ma bouche : "Je suis sauvé. Merci, Seigneur ! " »

Les mystères des civilisations antédiluviennes et la Création divine

Avant que nous ne parlions des anges déchus, revenons-en à nos principaux dieux de l'Olympe...

Avez-vous remarqué qu'ils sont au nombre de douze. Le chiffre 12 revient souvent : comme les douze apôtres, les douze fils de Jacob, les douze tribus d'Israël, Jésus à 12 ans, les événements survenus à la douzième heure, et ainsi de suite ?

D'autres versets bibliques reprennent également ce chiffre :

Apocalypse 21:14 :

La muraille de la ville avait douze fondements, et sur eux les douze noms des douze apôtres de l'agneau.

Exode 24:4 :
Moïse écrivit toutes les paroles de l'Éternel. Puis il se leva de bon matin ; il bâtit un autel au pied de la montagne, et dressa douze pierres pour les douze tribus d'Israël.

Matthieu 19:28 :
Jésus leur répondit : Je vous le dis en vérité, quand le Fils de l'homme, au renouvellement de toutes choses, sera assis sur le trône de sa gloire, vous qui m'avez suivi, vous serez de même assis sur douze trônes, et vous jugerez les douze tribus d'Israël.

Josué 3:12 :
Maintenant, prenez douze hommes parmi les tribus d'Israël, un homme de chaque tribu.

Matthieu 26:53 :

Penses-tu que je ne puisse pas maintenant invoquer mon Père, qui me donnerait à l'instant plus de douze légions d'anges ?

Nous pourrions continuer la série des douze pendant un long moment, mais revenons-en à notre superbe étude sur les origines des anges déchus.

Maintenant, abordons ensemble le sujet le plus intéressant de ce chapitre...

Aviez-vous connaissance de la première terre, détruite par l'eau avant le monde d'Adam et d'Ève, comme cela est mentionné dans la Bible ?

Nous savons aussi que le déluge de Noé était le deuxième et c'est pour cette raison que le Seigneur a dit qu'il ne détruirait plus la terre par l'eau.

Pour preuve :

Genèse 9:11 :

J'établis mon alliance avec vous : aucune chair ne sera plus exterminée par les eaux du déluge, et il n'y aura plus de déluge pour détruire la terre.

La science n'a pas complètement tort lorsqu'elle estime que l'Univers a été créé il y a près de 13,8 milliards d'années. Ils ne savent pas exactement ce qu'il s'est passé, mais une chose est sûre ; il y a eu une explosion et l'Univers est apparu plus vite que la vitesse de la lumière. La lumière se propageant dans le vide et dans l'air à **300 000 km/s,** cela signifie par conséquent qu'à chaque seconde écoulée, la lumière parcourt trois cent mille kilomètres.

Nous savons aussi d'après la science qu'il s'agit seulement d'une estimation, alors que le diamètre de l'Univers observable est évalué à environ 93 milliards d'années-lumière, soit :

- **$8,8 \times 10^{23}$ km** ($8,8 \times 10^{26}$ m) ;

ou

- 880 000 milliards de milliards de kilomètres.

La science est convaincue du fait que notre terre a une fin.

Que dit la parole de Dieu à ce sujet ?
Allons étudier quelques versets qui nous parlent de cette civilisation préadamique.

2 Pierre 3:5 :
Ils veulent ignorer, en effet, que des cieux existèrent autrefois par la parole de Dieu, de même qu'une terre tirée de l'eau et formée au moyen de l'eau.

2 Pierre 3:6 :
Et que par ces choses le monde d'alors périt, submergé par l'eau.

2 Pierre 3:7 :
Tandis que, par la même parole, les cieux et la terre d'à présent sont gardés et réservés pour le feu, pour le jour du jugement et de la ruine des hommes impies.

Vous lisez bien la même chose que moi, n'est-ce pas ? Il y a eu une civilisation avant la nôtre et celle-ci a été anéantie par l'eau, alors que, le dernier verset indique que notre terre et les cieux actuels sont préservés jusqu'au jour du jugement dernier et que, cette fois, ce sera le feu qui aura raison de nous.

Rendons-nous dans le premier Livre de la Thora, *Bereshit*, qui signifie « commencement », dont l'auteur est probablement Moshé (Moïse). Il l'aurait rédigé environ 1450-1410 av. J.-C., dans lequel il est écrit : *dans Genèse 1:1*, qui précise : *Au commencement, Dieu créa les cieux et la terre.*

Remarquez aussi que les cieux sont au pluriel, ce qui se traduit par ***shamayim*** **en hébreu. Nous sommes donc d'accord pour dire que cela implique une terre et plusieurs ciels.**

La véritable question est de savoir combien de ciels y a-t-il ?

Apparemment, trois.

La réponse nous est donnée par l'apôtre Paul.

2 Corinthiens 12:2 :

Je connais un homme en Christ, qui fut, il y a quatorze ans, ravi jusqu'au troisième ciel si ce fut dans son corps je ne sais, si ce fut hors de son corps je ne sais, Dieu le sait.

Néhémie 9:6 :

*C'est toi, Éternel, toi seul, qui as fait <u>les cieux</u>, **les cieux des cieux** et toute leur armée, la terre et tout ce qui est sur elle, les mers et tout ce qu'elles renferment. Tu donnes la vie à toutes ces choses, et l'armée des cieux se prosterne devant toi.*

Ici, nous comprenons que c'est le Seigneur qui a créé les cieux comme suit :

- le premier : aussi nommé « ciel des oiseaux » ;
- le deuxième : celui des astres ;
- le troisième : les cieux des cieux.

Ce dernier est tellement vaste que nous l'appelons le royaume des Cieux.

Mais, plus étonnant encore, Jésus-Christ lui-même est monté au-dessus de tous les cieux. Ce passage le relate clairement :

Éphésiens 4:10 :
Celui qui est descendu, c'est le même qui est monté au-dessus de tous les cieux, afin de remplir toutes choses.

Nous pouvons nous poser la question suivante : qu'y a-t-il alors au-dessus de tous les cieux ?

Je pense de manière assez évidente qu'il s'agit de l'éternité, puisque lorsque Dieu a créé les cieux et la Terre dans Genèse 1, il devait bien se trouver quelque part. Encore une fois, la réponse est dans la Bible.

1 Timothée 6:16 :

Qui seul possède l'immortalité, qui habite une lumière inaccessible, que nul homme n'a vu ni ne peut voir, à qui appartiennent l'honneur et la puissance éternelle. Amen !

Rappelez-vous un peu plus haut, nous avons vu qu'il y a eu une civilisation avant la nôtre, qui a été détruite par l'eau.

On sait, dans Genèse 1, que Dieu créa les cieux et la Terre et nous savons aussi que tout ce que crée Dieu est parfait.

Deutéronome 32:4 nous le confirme :

Il est le rocher ; ses œuvres sont parfaites, Car toutes ses voies sont justes ; C'est un Dieu fidèle et sans iniquité, Il est juste et droit.

Alors, pourquoi nous dit-on cela un peu plus loin ?

Genèse 2 :

La terre était informe et vide : il y avait des ténèbres à la surface de l'abîme, et l'esprit de Dieu se mouvait au-dessus des eaux.

« Informe » et « vide » se traduisent en hébreu par **tohu** (choses de néant, désert, déserté, vide, désolation) et **bohu** (vide, destruction).

Nous en déduisons qu'il s'est écoulé des millions d'années entre le premier et le second versets.

Par ailleurs, il apparaît que le chaos et le vide sur terre sont dus au premier déluge, comme évoqué dans l'Épître 2 Pierre 3:6 : le monde d'auparavant *périt, submergé par l'eau.*

Dieu nous confirme dans la Bible qu'il n'a pas engendré notre planète pour qu'elle devînt informe et vide, bien au contraire :

Ésaïe 45:18 :
Car ainsi parle l'Éternel, Le créateur des cieux, le seul Dieu, Qui a formé la terre, qui l'a faite et qui l'a affermie, Qui l'a créée pour qu'elle ne fût pas

déserte, Qui l'a formée pour qu'elle fût habitée : Je suis l'Éternel, et il n'y en a point d'autre.

Le Seigneur ne la voulait pas déserte, *tohu*. Encore une fois, cela prouve que la création divine des cieux et de la Terre était sans défaut.

Avant de terminer ce chapitre, tournons-nous vers le Livre de Jérémie afin d'obtenir un éclairage encore plus précis sur la civilisation préadamique.

Jérémie 4:23-28 :

Je regarde la terre, et voici, elle est informe et vide ; Les cieux, et leur lumière a disparu. Je regarde les montagnes, et voici, elles sont ébranlées ; Et toutes les collines chancellent. Je regarde, et voici, il n'y a point d'homme ; Et tous les oiseaux des cieux ont pris la fuite. Je regarde, et voici, le Carmel est un désert ; Et toutes ses villes sont détruites, devant l'Éternel, Devant son ardente colère. Car ainsi parle l'Éternel : Tout le pays sera dévasté ; Mais je ne ferai pas une entière destruction. À cause de cela, le pays est en deuil, Et les cieux en haut sont obscurcis ; Car je l'ai dit, je l'ai résolu, Et je ne m'en repens pas, je ne me rétracterai pas.

Ces versets ressemblent à un conte. Ce sont autant de révélations qui viennent en confirmation de tout ce qui a été mentionné plus haut.

Notez que le Seigneur nous décrit une terre déformée, nue, sans vie, sans lumière, les cieux ayant été plongés dans les ténèbres. Il nous explique que pas une ville, pas une nation n'y a survécu. C'était le chaos total ; tout avait été corrompu par la chute de Satan.

Avez-vous remarqué dans Genèse 3:3 que la première action du Très-Haut, en vue de réactiver la Création, fut de commander la lumière en lui demandant d'apparaître. Il s'agit de la même lumière que nous retrouvons dans l'Évangile suivant :

Jean 1:9 :
Cette lumière est la véritable lumière, qui éclaire tout homme venant dans le monde.

Rappelez-vous, la terre est encore recouverte d'eau à cause du premier déluge.

Après la lumière du premier jour, le Tout-Puissant entreprit de créer :

[Deuxième jour : le firmament et le ciel

[Troisième jour : les mers, la terre et la végétation]

[Quatrième jour : les luminaires des cieux]

[Cinquième jour : les animaux marins et volants]

[Sixième jour : les animaux terrestres et *l'être humain Adam et Ève*]

[Septième jour : le repos (*shabbat*)]

LES VERSETS IMPORTANTS à retenir sur le déroulement de l'Ancien Monde

Ésaïe 45:18

Car ainsi parle l'Éternel, Le créateur des cieux, le seul Dieu, Qui a formé la terre, qui l'a faite et qui l'a affermie, Qui l'a créée pour qu'elle ne fût pas déserte, Qui l'a formée pour qu'elle fût habitée : Je suis l'Éternel, et il n'y en a point d'autre.

Genèse 9-11

J'établis mon alliance avec vous : aucune chair ne sera plus exterminée par les eaux du déluge, et il n'y aura plus de déluge pour détruire la terre.

Psaumes 104:5-7

Il a établi la terre sur ses fondements, Elle ne sera jamais ébranlée.

Tu l'avais couverte de l'abîme comme d'un vêtement, Les eaux s'arrêtaient sur les montagnes ;

Elles ont fui devant ta menace, Elles se sont précipitées à la voix de ton tonnerre.

Nous comprenons là que le premier déluge n'a pas recouvert les montagnes, contrairement au déluge à l'époque de Noé.

Job 9:5 :

Il transporte soudain les montagnes, Il les renverse dans sa colère. Il secoue la terre sur sa base, Et ses colonnes sont ébranlées. Il commande au soleil, et le soleil ne paraît pas ; Il met un sceau sur les étoiles. Seul, il étend les cieux, Il marche sur les hauteurs de la mer. Il a créé la Grande Ourse, l'Orion et les Pléiades, Et les étoiles des régions australes. Il fait des choses grandes et insondables, Des merveilles sans nombre.

NB : en lisant ce verset de Job, certains pourraient penser que Dieu a fait cesser le rayonnement du Soleil et que tout a été gelé sur Terre.

La chute de Lucifer et le mystère de l'iniquité

Maintenant, allons rendre visite aux prophètes Ésaïe et Ézéchiel qui nous parlent tous deux d'un personnage qui a joué un rôle important dans ce chaos planétaire.

Ésaïe 14:12-14 :

Te voilà tombé du ciel, Astre brillant, fils de l'aurore ! Tu es abattu à terre, Toi, le vainqueur des nations ! Tu disais en ton cœur : Je monterai au ciel, J'élèverai mon trône au-dessus des étoiles de Dieu ; Je m'assiérai sur la montagne de l'assemblée, À l'extrémité du septentrion ; Je monterai sur le sommet des nues, Je serai semblable au Très-Haut.

La lecture des deux premiers versets nous permet de comprendre qu'il s'agit de la rébellion et de la chute de Satan... « Astre brillant » en hébreu se traduit par *Heylel* qui signifie Lucifer : « Porteur de lumière ». De plus, le mot « nations » que nous relevons ici confirme qu'il y avait bien une population sur Terre avant la création adamique.

Les versets 13 et 14 montrent que Lucifer, avant qu'il ne devienne Satan, se disait au fond de lui-même que sa place se trouvait haut dans le ciel et qu'il établirait son trône au-dessus des étoiles de Dieu. Cela révèle son intention d'égaler Dieu et signifie qu'il aurait déjà été projeté sur Terre.

Voyons maintenant ce que le prophète Ézéchiel nous enseigne à ce propos.

Ézéchiel 28:14-19 :

Tu étais un chérubin protecteur, aux ailes déployées ; Je t'avais placé et tu étais sur la sainte montagne de Dieu ; Tu marchais au milieu des pierres étincelantes. Tu as été intègre dans tes voies, Depuis le jour où tu fus créé Jusqu'à celui où l'iniquité a été trouvée chez toi. Par la grandeur de ton commerce Tu as été rempli de violence, et tu as péché ; Je te précipite de la montagne de Dieu, Et je te fais disparaître, chérubin protecteur, Du milieu des pierres étincelantes. Ton cœur s'est élevé à cause de ta beauté, Tu as corrompu ta sagesse par ton éclat ; Je te jette par terre, Je te livre en spectacle aux rois. Par la multitude de tes iniquités, Par l'injustice de ton commerce, Tu as profané tes sanctuaires ; Je fais sortir du milieu de toi un feu qui te dévore, Je te réduis en cendre sur la terre, Aux yeux de tous ceux qui te regardent. Tous ceux qui te connaissent parmi les peuples Sont dans la stupeur à cause de toi ; Tu es réduit au néant, tu ne seras plus à jamais !

Il faut savoir que Dieu avait initialement créé Lucifer pour être un chérubin protecteur des nations. Ce dernier suivait des voies justes jusqu'au jour où l'iniquité se manifesta en lui et lui ôta toute pureté. C'est à partir de là qu'il commença à pécher et que le Très-Haut le jeta sur Terre. Son cœur était devenu orgueilleux en raison de sa grande beauté. Sa parfaite réussite lui avait fait perdre la tête. Dans la conduite de ses affaires, Lucifer s'était souvent montré malhonnête et injuste. L'ange qui se devait d'être protecteur s'était enflé d'orgueil et avait, de la même façon, traité les lieux saints avec mépris.

Pour toutes ces raisons, Dieu l'a consumé d'un feu intérieur, déchu et précipité sur Terre. Le chérubin d'autrefois, qui trouvait tant grâce auprès du Seigneur, n'était plus que cendres, aux yeux de tous.

Dès cet instant, Lucifer fut transformé en Satan. Contrairement à ce qui est enseigné au catéchisme et à l'école du dimanche, c'est lui qui a commis le tout premier péché, et non Adam et Ève.

À travers la lecture de la Bible, nous constatons qu'à la suite de la rébellion de Lucifer et de la chute de Satan, un tiers des êtres angéliques furent entraînés avec lui.

Apocalypse 12:7-8 :

Et il y eut guerre dans le ciel. Michel et ses anges combattirent contre le dragon. Et le dragon et ses anges combattirent, mais ils ne furent pas les plus forts, et leur place ne fut plus trouvée dans le ciel.

Et il fut précipité, le grand dragon, le serpent ancien, appelé le diable et Satan, celui qui séduit toute la terre, il fut précipité sur la terre, et ses anges furent précipités avec lui.

Apocalypse 12:4 :
Sa queue entraînait le tiers des étoiles du ciel, et les jetait sur la terre [...].

Il est important de remarquer qu'Apocalypse 12 annonce par la suite des événements qui surviendront pendant les sept années de tribulations, tout en révélant que la chute de Satan a amené d'autres anges à se corrompre, à se rallier à lui, lesquels sont devenus ses collaborateurs. Par ailleurs, une clarification est apportée au sujet du tiers des anges affectés.

Reste à savoir de quelle manière cette section de l'Apocalypse est liée aux sept années de tribulations. Les Saintes-Écritures nous renseignent à ce propos : c'est Jésus lui-même qui nous donne cette indication puisqu'il dit à Jean :

Apocalypse 1:19 :

Écris donc les choses que tu as vues, et celles qui sont, et celles qui doivent arriver après elles.

Nous pouvons en déduire qu'il faut diviser le Livre de l'Apocalypse en trois parties :
- le 1er chapitre : les choses que Jean a vues.
- le 2e chapitre : les choses qui sont. Il s'agit des 7 Églises. Ce chapitre marque le début des révélations futures, comme Jean nous l'explique :

Apocalypse 4:1 :

Après cela, je regardai, et voici, une porte était ouverte dans le ciel.

Il devient évident après la lecture de ce chapitre que la totalité de ces événements démontre pourquoi la Terre était informe et vide dans Genèse 1.

Avant de conclure ce chapitre, explorons également les versets qui évoquent les fils de Dieu, mentionnés dans Genèse 6, ainsi que les géants dont il est question.

Qui sont-ils exactement ?

Que nous dit-on dans ce chapitre ?

Genèse 6:1-2 :

Lorsque les hommes eurent commencé à se multiplier sur la face de la terre, et que des filles leur furent nées, les fils de Dieu virent que les filles des hommes étaient belles, et ils en prirent pour femmes parmi toutes celles qu'ils choisirent.

Deux versets plus loin, dans le même chapitre, il est fait référence aux géants, aussi appelés les héros de l'Antiquité :

Genèse 6:4 :

Les géants étaient sur la terre en ces temps-là, après que les fils de Dieu furent venus vers les filles des hommes, et qu'elles leur eurent donné des enfants : ce sont ces héros qui furent fameux dans l'antiquité.

D'autres versets importants nous parlent des fils de Dieu et vont nous éclairer :

Job 38 :4-7 :
Où étais-tu quand je fondais la terre ? Dis-le, si tu as de l'intelligence. Qui en a fixé les dimensions, le sais-tu ? Ou qui a étendu sur elle le cordeau ? Sur quoi ses bases sont-elles appuyées ? Ou qui en a posé la pierre angulaire, Alors que les étoiles du matin éclataient en chants d'allégresse, Et que tous les fils de Dieu poussaient des cris de joie ?

Maintenant que nous avons les bases scripturaires, revenons-en à notre question : qui sont les fils de Dieu et les géants ?

Ce passage de Job nous révèle clairement la présence d'êtres célestes, appelés « étoiles du matin », et des fils de Dieu (traduit en hébreu par Ben Elohim), qui ont assisté à la création de la Terre et célébré la puissance et la gloire du Très-Haut.

Il est généralement admis que les « fils de Dieu » mentionnés dans l'Ancien Testament désignent des êtres angéliques, y compris Satan, comme nous l'indique le Livre de Job (lire le verset ci-dessous), ce qui laisse entendre que Genèse 6 évoque aussi les anges.

Job 2:1 :

Or, les fils de Dieu vinrent un jour se présenter devant l'Éternel, et Satan vint aussi au milieu d'eux se présenter devant l'Éternel.

Cette information rend plus compréhensible l'incident grave qui se produit dans Genèse 6, chapitre dans lequel les anges, nommés « fils de Dieu », se sont unis aux filles des hommes, donnant naissance aux *nephilim*, une race de géants dont l'existence s'est prolongée jusqu'à l'Antiquité.

D'ailleurs, ces derniers apparaissent aussi à un autre moment :

Nombres 13:33 :

Et nous y avons vu les géants, enfants d'Anak, de la race des géants : nous étions à nos yeux et aux leurs comme des sauterelles.

Jude 1:6 :

qu'il a réservé pour le jugement du grand jour, enchaînés éternellement par les ténèbres, les anges qui n'ont pas gardé leur dignité, mais qui ont abandonné leur propre demeure.

Ces anges qui ont renoncé à leur honneur et quitté leur maison pour s'unir aux filles des hommes sont les mêmes que ceux mentionnés dans Genèse 6.

Ayant grandi dans un monde moderne, beaucoup d'entre nous sont aveugles aux réalités spirituelles et aux forces occultes présentes autour de nous. Notre seule interaction avec ces concepts intervient souvent à travers des livres et des films, sans une réelle implication ou pris de conscience de ce que cela revêt de démoniaque. Cela nous rend vulnérables aux attaques spirituelles ; ignorer une bataille est le meilleur moyen de la perdre. Cependant, la puissance de Jésus-Christ va au-delà des écrits ; chaque jour, des luttes spirituelles se perpétuent. Pour rester efficaces, nous devons nous appuyer sur la prière et favoriser la présence divine.

Dans l'Épître aux Éphésiens 6, Paul nous rappelle que nous n'avons pas à lutter contre les êtres humains, mais contre le royaume des ténèbres qui se classifie en 4 catégories distinctes :
- les dominations ;
- les autorités ;
- les princes de ce monde de ténèbres ;
- les esprits méchants dans les lieux célestes.
Toutefois, n'oublions pas aussi, comme cela est affirmé dans la Bible, que Jésus-Christ est l'autorité suprême et que nous sommes assis en Christ :

Éphésiens 1:21 :

Au-dessus de toute domination, de toute autorité, de toute puissance, de toute dignité, et de tout nom qui se peut nommer, non seulement dans le siècle présent, mais encore dans le siècle à venir.

Il est vrai que le péché est en réalité une puissance. ***Ce qui a provoqué la chute de certains anges avec Lucifer, c'est le mystère de l'iniquité, dont ils sont toujours remplis et qui agit encore aujourd'hui, que Satan utilise contre les humains pour les tenter, comme il l'a fait avec nos parents dans le jardin d'Éden...***
Le verset suivant est explicite :

2 Thessaloniciens 2:6 :

Et maintenant vous savez ce qui le retient, afin qu'il ne paraisse qu'en son temps. Car le mystère de l'iniquité agit déjà ; il faut seulement que celui qui le retient encore ait disparu.

À noter : les anges qui sont tombés du Ciel n'ont aucune possibilité de se repentir, alors que cette occasion est offerte à l'être humain par le sang du Christ versé pour nous : une véritable grâce qui est donnée à l'humanité tout entière.

Jésus a dit très clairement qu'il sauvera tous ceux qui croient en lui :

Jean 3:16 :
Car Dieu a tant aimé le monde qu'il a donné son Fils unique afin que quiconque croie en lui ne périsse point, mais qu'il ait la vie éternelle.

Vous-même êtes ce « quiconque », comme tous les habitants de la planète. Il est également écrit que si notre salut dépendait de nos propres efforts pour le gagner, personne ne serait sauvé :

Romains 3:23 : *car tous ont péché et sont privés de la gloire de Dieu.*

Psaumes 143:2 : *[...] car aucun vivant n'est juste devant toi.*

Romains 3:10 affirme : *[...] il n'y a pas de juste, pas même un seul.*

Nous ne pouvons pas nous sauver nous-mêmes, néanmoins nous sommes sauvés par la foi en Jésus-Christ.

Éphésiens 2:8-9 nous enseigne :
Car c'est par la grâce que vous êtes sauvés, par le moyen de la foi. Et cela ne vient pas de vous, c'est le don de Dieu. Ce n'est point par les œuvres, afin que personne ne se glorifie.

Nous sommes sauvés par la grâce de Dieu, qui, par définition, ne peut être gagnée. Le salut ne nous est pas accordé au mérite : nous le recevons tout simplement par la foi.

Voici le message du salut, si tu le désires :

Si tu reconnais Jésus-Christ comme ton Sauveur, tu es sauvé ! Tous tes péchés te sont pardonnés et Dieu te promet de ne plus jamais te laisser ni de t'abandonner.

Romains 8:38-39 :

Car j'ai l'assurance que ni la mort ni la vie, ni les anges ni les dominations, ni les choses présentes ni les choses à venir, ni les puissances, ni la hauteur, ni la profondeur, ni aucune autre créature ne pourra nous séparer de l'amour de Dieu manifesté en Jésus-Christ notre Seigneur.

Souviens-toi du fait que notre salut est assuré en Jésus-Christ.

Jean 10:28-29 :

Je leur donne la vie éternelle ; elles ne périront jamais, et personne ne les ravira de ma main. Mon Père, qui me les a données, est plus grand que tous ; et personne ne peut les ravir de la main de mon Père.

Si tu te confies en Jésus comme ton seul Sauveur, tu peux être assuré que tu passeras l'éternité avec Dieu au ciel !

Le salut s'obtient donc par la foi, en recevant Jésus dans son cœur et en plaçant toute notre confiance en lui seul.

Jean 1:12 :
Mais à tous ceux qui l'ont reçue, à ceux qui croient en son nom, elle a donné le droit de devenir enfants de Dieu [...].
Amen !

Je clos ce chapitre avec un dernier verset de l'apôtre qui montre de façon claire qu'un seul chemin mène à Dieu.

Jean 14:6
Jésus lui dit : Je suis le chemin, la vérité et la vie. Nul ne vient au Père que par moi.

Le primat du spirituel sur le physique : une exploration biblique et contemporaine

II CHAPITRE

Que nous soyons d'accord ou pas, c'est d'abord le spirituel qui prime sur le physique. En d'autres termes, il faut que la chose existe dans le monde spirituel avant d'exister ici-bas. Les Saintes-Écritures nous le confirment par plusieurs versets bibliques :

2 Corinthiens 4:18 :
Parce que nous regardons, non point aux choses visibles, mais à celles qui sont invisibles ; car les

choses visibles sont passagères, et les invisibles sont éternelles.

Ici, la version Darby dit :
Par la foi, nous comprenons que les mondes ont été formés par la parole de Dieu, de sorte que ce qui se voit n'a pas été fait de choses qui paraissent...
Hébreux 11:3

Vous remarquerez d'ailleurs que dans cette version le mot « monde » est au pluriel. Très intéressant, n'est-ce pas ?
Je referme la parenthèse.

Enfin, voyons ce qui est écrit à propos de Christ dans Colossiens 1:15-16 :

Il est l'image du Dieu invisible, le premier-né de toute la création ; car en lui ont été créées toutes choses qui sont dans les cieux et sur la terre, les visibles et les invisibles, trônes, dignités, dominations, autorités. Tout a été créé par lui et pour lui.

Quand Dieu a demandé à Moïse de bâtir le tabernacle, il lui a bien précisé de respecter le modèle révélé sur la montagne, prouvant une fois de plus que chaque chose terrestre doit posséder une version spirituelle originelle.

La modernisation de la sorcellerie dans notre société est un sujet crucial qui mérite notre attention. Dans un monde où l'ignorance règne, la tromperie trouve souvent sa place. C'est pourquoi il est important d'aborder ensemble cette question.

Bien que Dieu nous ait accordé le libre choix sur terre, son souhait le plus cher est que nous options pour la vie afin de vivre éternellement avec lui, comme cela est mentionné ici :

Deutéronome 30:19 :
J'en prends aujourd'hui à témoin contre vous le ciel et la terre, j'ai mis devant toi la vie et la mort, la

bénédiction et la malédiction. Choisis la vie, afin que tu vives, toi et ta postérité [...].

Maintenant, remontons le temps et l'espace afin de retourner voir ce qu'il s'est passé avec Adam et Ève lorsqu'ils ont péché.

Juste avant cela, tous deux vivaient dans la présence de Dieu, en communion parfaite avec le Très-Haut. Ils vivaient dans le royaume de Dieu, sous sa juridiction et son régime, ils se promenaient avec le Seigneur, etc.

En péchant, Adam et Ève ont été instantanément plongés dans un autre royaume, dans lequel leurs pensées furent aussitôt dominées par une force étrangère. L'homme et la femme prirent conscience de leur nudité et, saisis de peur, cherchèrent à se dissimuler devant Dieu. Pourtant, la peur était un sentiment qui leur était inconnu auparavant.

Notez dans le Livre de la Genèse 3, la première question que l'Éternel pose à Adam : *Qui t'a appris que tu es nu ?* Le seigneur sous-entendait qu'Adam était déjà sous l'influence d'un autre royaume.

Regardez dans Genèse 2 : le Créateur fit passer nombre d'animaux devant Adam et l'homme les nomma tous sans trop en comprendre la raison. Sûrement parce que ces derniers appartenaient au royaume de Dieu. En réalité, Adam était guidé par l'Esprit du Seigneur.

Genèse 2:7 :

L'Éternel Dieu forma l'homme de la poussière de la terre, il souffla dans ses narines un souffle de vie et l'homme devint un être vivant.

Il faut savoir que ce souffle de vie est l'esprit de l'homme. C'est de cette façon qu'Adam, le premier humain, vit le jour. Le corps, l'enveloppe charnelle, n'est qu'un contenant temporaire qui, après notre décès, redeviendra poussière, tandis que notre esprit, lui, perdurera éternellement. Car nous sommes censés être porteurs d'un esprit, et si ce n'est pas l'Esprit de Dieu, c'est que celui-ci s'est empli d'autre chose. Comme on le dit souvent, la nature a horreur du vide... Rien ne demeure dans cet état. Alors, si ce n'est pas le Seigneur qui y réside, c'est qu'il s'agit d'une intrusion de l'ennemi ou de ses alliés.

Dans des pays modernes, tels que la France, aborder ces sujets suscite souvent des réactions sceptiques ; certains affirment que cela ne fait pas partie de leur héritage culturel, qu'ils préfèrent s'en remettre à la science, te conseillant de rester pragmatique.

Il est regrettable de demeurer si ignorant face au monde spirituel, car toute la terre – y compris la science dont ils parlent, la communication, les médias, la politique, les réseaux sociaux, notre état d'esprit, notre existence et notre mode de vie –, est façonnée par des êtres spirituels.

Prenons l'exemple de la sorcellerie : la plupart l'associent à une autre époque. Certaines personnes vont même jusqu'à affirmer que celle-ci s'exerce principalement en Afrique ou en Amérique latine, sans prendre conscience du fait que nous évoquons des esprits anciens dotés d'intelligence, présents depuis des millénaires, voire des millions d'années, qui ne connaissent pas les mêmes contraintes temporelles que les êtres humains.

Ces derniers s'adaptent à la capacité et à l'intelligence humaines en fonction de notre niveau d'évolution. Rappelons-nous que notre Dieu est immensément supérieur sur le plan spirituel, bien au-delà de notre perception matérielle.

Il y a, par ailleurs, ce passage dans le Livre d'Ézéchiel, dans lequel le prophète raconte une vision, souvent perçue comme un vaisseau spatial, car ses descriptions ne correspondent pas à ce que nous connaissons de l'époque. Nous pouvons ici avancer la théorie des extraterrestres ou des objets volants non identifiés.

De son temps, les gens voyaient des phénomènes célestes inexplicables sans disposer de la technologie nécessaire pour comprendre que le monde spirituel surpassait les avancées culturelles et technologiques de la société.

Soyez conscients du fait qu'un seul individu n'est jamais à l'origine d'une transformation dans le mode de vie d'une société, que celle-ci soit évoluée ou non ; derrière chaque changement se trouvent des esprits travaillant <u>pour un royaume bien précis.</u>

Maintenant, la question cruciale est la suivante : cela renforce-t-il le royaume de Dieu ou celui de Satan ?

Il y a une différence entre notre esprit et l'Esprit du Seigneur. Cela est mentionné dans Genèse 1 lorsque Dieu dit : *Faisons l'homme à notre image, selon notre ressemblance.* Aussi, crée-t-il l'esprit de l'homme ayant son visage et son caractère. Dans Genèse 2, alors que le Tout-Puissant forme de la poussière, il lui insuffle dans les narines le souffle de vie, et l'homme devient un être vivant. Dieu nous a dotés d'un esprit de cette façon et nous le rappelle :

Jérémie 1:5 :

Avant que je t'eusse formé dans le ventre de ta mère, je te connaissais [...].

Ou dans les Psaumes 139:16 :
Quand je n'étais qu'une masse informe, tes yeux me voyaient ; Et sur ton livre étaient tous inscrits Les jours qui m'étaient destinés, Avant qu'aucun d'eux existât.

Ou encore dans Ésaïe 49:1 :
Iles, écoutez-moi ! Peuples lointains, soyez attentifs ! L'Éternel m'a appelé dès ma naissance, Il m'a nommé dès ma sortie des entrailles maternelles.

Si nous recapitulons ce que nous venons de voir, lorsque Dieu a formé l'homme à partir de la poussière, son esprit était en lui et il lui insuffla le souffle de vie... Il convient de souligner que la traduction du mot « souffle » en hébreu fait référence à l'âme. N'oublions pas que l'homme a été créé en trois dimensions ; esprit, âme et corps, comme indiqué dans :

1 Thessaloniciens 5:23 :

Que le Dieu de paix vous sanctifie lui-même tout entiers, et que tout votre être, l'esprit, l'âme et le corps, soit conservé irrépréhensible, lors de l'avènement de notre Seigneur Jésus-Christ !

1 Corinthiens 6:19 nous dit clairement :

Ne savez-vous pas que votre corps est le temple du Saint-Esprit qui est en vous, que vous avez reçu de Dieu, et que vous ne vous appartenez point à vous-mêmes ?

Il est manifeste que la volonté de Dieu est que son esprit réside non seulement sur nous, mais aussi en nous, car telle est notre nature originelle.

Devinez maintenant qui considère l'être humain comme une demeure : les entités démoniaques, aussi appelées « les esprits mauvais et impurs ».

Allons visiter un Évangile à ce sujet :

Matthieu 12:43-44 :

Lorsque l'esprit impur est sorti d'un homme, il va par des lieux arides, cherchant du repos, et il n'en trouve point. Alors il dit : Je retournerai dans ma maison d'où je suis sorti ; et, quand il arrive, il la trouve vide, balayée et ornée.

N'est-ce pas très étonnant qu'un esprit impur se réfère à un être humain quand il évoque sa maison ?

Il y a donc des individus qui portent en eux des esprits impurs ou démoniaques.

Pourquoi ces entités maléfiques ont-elles besoin de vivre dans un corps ?

Il est important de comprendre que ce sont des entités dépourvues d'enveloppe charnelle. Par ailleurs, on ne parle pas ici des anges déchus, ces derniers n'ayant pas besoin d'investir le corps d'un être humain pour subsister, puisqu'ils ont été créés par Dieu avant leur chute et d'être précipités sur Terre avec Satan, comme cela est écrit :

Genèse 2:1 :
Ainsi furent achevés les cieux et la terre, et <u>toute leur armée.</u>

Nous sommes d'accord sur le fait que les anges ne peuvent pas mourir, même si certains ont suivi Satan. En revanche, ce n'est pas le cas des géants, appelés les *nephilim* dans Genèse 6 (voir Strong n° 5303)...

En effet, comme cela est évoqué dans 1 Corinthiens 3:16, nous avons été conçus pour devenir une habitation de Dieu, par son Esprit. Mais si nous ne voulons pas du Seigneur dans notre vie, c'est une autre force qui va prendre la place pour combler ce vide.

La plupart du temps, ce sont des esprits mauvais et impurs qui se manifestent par des comportements tels que l'impudicité, la haine, le suicide, l'insensibilité, la déloyauté, la calomnie, l'intempérance, la cruauté, l'hostilité envers les gens de bien, l'orgueil, la débauche, l'idolâtrie, la magie, la sorcellerie, l'envoûtement, les inimitiés, les querelles, les jalousies, les animosités, les disputes, les divisions, les sectes, l'envie, l'ivrognerie, la dépression, l'anxiété, le stress, les addictions, la culpabilité, l'amertume, la peur, et bien plus encore...

Demandons-nous encore une fois, à qui appartient le royaume que je suis en train d'édifier ou de bâtir dans ma vie ?

Dieu nous en informe ainsi :

Osée 4 :
Mon peuple est détruit, parce qu'il lui manque la connaissance [...].

Vous comprendrez que vos pensées peuvent ne pas toujours venir de vous, notamment lorsque des idées négatives vous assaillent sans cesse et que vous parvenez dans le désordre au lieu de la paix, ou encore quand, alors même que vous vous trouvez dans des moments de tranquillité, vous éprouvez un sentiment de mal-être. Les événements les plus insignifiants les irritent, dévoilant toujours la nature de l'esprit qui les gouverne. Vous ne savez pas de quelle manière prospérer en paix ; il vous faut toujours débattre de quelque chose avec vous-même, insister sur un point qui mène au désaccord. Tout cela, ce sont des comportements typiques des esprits démoniaques qui cherchent à gagner la partie.

Souvenez-vous de ce qu'il s'est produit dans le jardin d'Éden : les pensées d'Adam reflétaient l'influence que le Seigneur avait sur lui mais, lorsque ses pensées ont changé de direction, elles ont révélé une autre influence : celle de Satan.

Lorsque vous analysez vos schémas de pensées quotidiennes, vous saurez quel royaume influe sur ces dernières.

Vous ne pourrez plus dire : « Toutes mes pensées sont miennes » ou encore « c'est un comportement que j'ai hérité de ma famille », « c'est ma manière d'être », « c'est mon tempérament », « c'est mon caractère », « c'est ma culture », « c'est ma façon de vivre », « c'est mon style de vie », etc.

Alors, là, vous vous poserez la bonne question : à quoi, à qui suis-je affilié ?

Attention : je tiens à préciser que l'objectif n'est pas de se culpabiliser ni de créer de la peur ou de l'anxiété. Surtout pas. Bien au contraire, je souhaite que nous prenions tous conscience de notre origine commune : nous venons de Dieu.

Je vous invite à cette réflexion qui vous permettra de mieux saisir le propos. Lorsque le Tout-Puissant a créé les animaux marins, il a parlé aux eaux ; lorsqu'il a créé les animaux, il a parlé à la terre ; mais lorsqu'il a voulu te créer ou créer l'homme, il s'est parlé à lui-même, il a dit – je le répète pour que cela s'imprègne en vous –, *Faisons l'homme à notre image* Genèse 1:26.

Maintenant, allons plus loin dans notre réflexion et examinons ce qui se passera si nous retirons un poisson de l'eau. Évidemment, il ne pourra pas survivre bien longtemps, car il aura été extrait de son milieu vital.

Lorsque Dieu nous a créés, il s'est adressé à lui-même, aussi notre vie sans lui équivaut-elle à la mort ; sans Christ, il est impossible de vivre. Comprenez bien ceci, ce n'est ni une question d'insécurité ni de peur ni quoi que ce soit d'autre ; Dieu est tout simplement notre source, puisque nous sortons de Christ.

Ainsi, le Seigneur nous dit qu'il n'y a que deux chemins possibles : la vie ou la mort. Le Très-Haut, qui nous aime de tout son cœur, puisque nous sommes ses enfants, veut que nous choisissions ce qui est bon pour nous.

Sois conscient d'où tu viens, mon ami. Jésus ne te demande pas de le suivre pour son propre compte, il te dévoile seulement qu'il est la source de la vie, de ta vie.

Colossiens 3:3 nous le confirme :
Car vous êtes morts, et votre vie est cachée avec Christ en Dieu.

Les alliés invisibles : la puissance des anges dans la vie du croyant

III CHAPITRE

On nous parle très souvent du diable, des anges déchus, des démons, des actions de nos ennemis et de la façon de s'en protéger, mais très rarement de nos alliés. Pourtant, ceux-ci nous soutiennent, par leur présence constante à nos côtés. La conséquence de cette désinformation, c'est que les chrétiens sont devenus des spécialistes du monde des ténèbres, ne sachant finalement pas grand-chose du royaume dont ils sont issus.

J'aimerais partager avec vous la vision que le Très-Haut m'a donnée un soir. Dieu m'a montré de quelle manière bon nombre de ses enfants sont effrayés par le diable comme par ses acolytes.

Le Seigneur était triste de ce constat. Il m'a alors fait comprendre que beaucoup de chrétiens ne sont pas conscients du fait que Christ vit en eux.

Et beaucoup de chrétiens sont comme le serviteur d'Élisée dans le Livre des Rois, assailli par la peur lorsqu'il voit les chevaux et les chars de toute la troupe syrienne l'entourer, lui ainsi que le prophète. Voici ce qu'Élisée va lui déclarer :

2 Rois 6:16-17 :

[...] *Ne crains point, car ceux qui sont avec nous sont en plus grand nombre que ceux qui sont avec eux. Elisée pria, et dit : Éternel, ouvre ses yeux, pour qu'il voie. Et l'Éternel ouvrit les yeux du serviteur, qui vit la montagne pleine de chevaux et de chars de feu autour d'Élisée.*

En présence de cette vue extraordinaire, le serviteur dut certainement se dire : oh, si j'avais eu cette information auparavant, je serais resté serein.

Ma prière pour toi qui me lis est que Dieu ouvre tes yeux spirituels, afin que tu commences à voir à ton tour ce qui t'entoure dans le monde spirituel.

Que cette prière de l'apôtre Paul devienne ta réalité de tous les jours :

Éphésiens 1:17-21 :

Je prie *afin que le Dieu de notre Seigneur Jésus-Christ, le Père de gloire, vous donne un esprit de sagesse et de révélation, dans sa connaissance, et qu'il illumine les yeux de votre cœur, pour que vous sachiez quelle est l'espérance qui s'attache à son appel, quelle est la richesse de la gloire de son héritage qu'il réserve aux saints, et qu'elle est envers nous qui croyons l'infinie grandeur de sa puissance, se manifestant avec efficacité par la vertu de sa force. Il l'a déployée en Christ, en le ressuscitant des morts, et en le faisant asseoir à sa droite dans les lieux célestes, au-dessus de toute domination, de toute autorité, de toute puissance, de toute dignité, et de tout nom qui se peut nommer, non seulement dans le siècle présent, mais encore dans le siècle à venir.*

Vous êtes-vous déjà demandé ce que signifie être un enfant de Dieu dans le monde spirituel ?

Les Saintes-Écritures nous enseignent que nous sommes d'abord des esprits dotés d'une âme dans un corps, créés par Dieu. Job 32:8 souligne là aussi l'importance de l'esprit dans l'homme : *Mais en réalité, dans l'homme, c'est l'esprit, Le souffle du Tout-Puissant, qui donne l'intelligence [...].*

Reconnaître notre nature spirituelle et notre lien avec l'Esprit de Dieu est un aspect naturel et profond de notre existence.

Savez-vous que, dans la Bible, le mot « ange » est utilisé 274 fois, tandis que le mot « démon » n'apparaît que 81 fois ?

Il s'avère essentiel en tant qu'enfant de Dieu de prendre conscience de la place primordiale des anges de Dieu dans notre vie. Car ils sont très puissants.

Pour preuve, Ésaïe 37:36 :

L'ange de l'Éternel sortit, et frappa dans le camp des Assyriens cent quatre-vingt-cinq mille hommes. Et quand on se leva le matin, voici, c'étaient tous des corps morts.

Même à **Gethsémani**, lorsque Jésus prie le Père en vue de faire sa volonté, c'est un ange qui lui est envoyé par le Seigneur.

Luc 22:43 :

Alors, un ange lui apparut du ciel, pour le fortifier.

Ou encore dans Matthieu 26:53, quand il dit :

Penses-tu que je ne puisse pas invoquer mon Père, qui me donnerait à l'instant plus de douze légions d'anges ?

À l'époque, une légion équivalait à une troupe de 6 000 soldats romains, donc 12 légions représentaient **72 000 anges**.

Il est à noter, dans le verset mentionné, que Jésus nous rappelle que les anges obéissent à Dieu, et c'est par leur intermédiaire que nos prières sont exaucées. Cela nous offre un nouvel éclairage sur la façon dont le Très-Haut agit à travers les anges pour répondre à nos supplications. Ces derniers interviennent aussi quand la parole de Dieu est proclamée :

Psaumes 103:20-22 :
Bénissez l'Éternel, vous ses anges, Qui êtes puissants en force, et qui exécutez ses ordres, En obéissant à la voix de sa parole ! Bénissez l'Éternel, vous toutes ses armées, Qui êtes ses serviteurs, et qui faites sa volonté ! Bénissez l'Éternel, vous toutes ses œuvres, Dans tous les lieux de sa domination ! Mon âme, bénis l'Éternel !

Les anges, des figures célestes présentes dans les textes sacrés, sont classifiés en quatre divisions distinctes, en dehors des êtres vivants qui seront abordés ultérieurement. Dans ce chapitre, nous explorerons en détail ces quatre divisions d'anges, ainsi que leur rôle respectif.

Commençons par **les chérubins**. Nous apprenons qu'ils sont des anges protecteurs de la gloire de Dieu. Plusieurs versets viennent l'attester :

Genèse 3:24 :

*C'est ainsi qu'il chassa Adam ; et il mit à l'orient du jardin d'Éden **les chérubins** qui agitent une épée flamboyante, pour garder le chemin de l'arbre de vie.*

Exode 25:20 :

***Les chérubins** étendront les ailes par-dessus, couvrant de leurs ailes le propitiatoire, et se faisant face l'un à l'autre ; les chérubins auront la face tournée vers le propitiatoire.*

Exode 26:1 :

Et tu feras le tabernacle de dix tapis de fin lin retors, et d'étoffes teintes en bleu, en pourpre et en *cramoisi : tu y représenteras **des chérubins** artistement travaillés.*

1 Rois 6:32 :
Les deux battants étaient de bois d'olivier sauvage. Il y fit sculpter des chérubins, des palmes et des fleurs épanouies, et il les couvrit d'or, il étendit aussi l'or sur les chérubins et sur les palmes.

Les séraphins, qui révèlent la gloire de Dieu, sont mentionnés dans le texte biblique du prophète Ésaïe. Ils sont décrits comme ayant une forme humaine et étant dotés de trois paires d'ailes. Ils évoluent dans la splendeur et la sainteté de Dieu. Leur nom même, « séraphin », est un dérivé du mot hébreu signifiant « brûlant ».

Ésaïe 6:1-3 :
L'année de la mort du roi Ozias, je vis le Seigneur assis sur un trône très élevé, et les pans de sa robe remplissaient le temple. Des séraphins se tenaient

au-dessus de lui ; ils avaient chacun six ailes ; deux dont ils se couvraient la face, deux dont ils se couvraient les pieds, et deux dont ils se servaient pour voler. Ils criaient l'un à l'autre, et disaient : Saint, saint, saint est l'Éternel des armées ! toute la terre est pleine de sa gloire !

Vous remarquerez que nous retrouvons le même être céleste en hébreu « Séraphins » lorsque le seigneur parle du serpent brûlant dans :

Nombres 21:8 :
L'Éternel dit à Moïse : Fais-toi un serpent brûlant, et place-le sur une perche ; quiconque aura été mordu, et le regardera, conservera la vie.

En conclusion, le séraphin est un être céleste rempli de feu qui se trouve dans la gloire de Dieu. Une sainteté que nous ne pouvons approcher que par notre nouvelle naissance et par le sang de Jésus, afin de ne pas être consumés par la gloire de Dieu.

- 1re division : le saraph

Définition : serpent ardent, serpent venimeux (le venin ayant un effet de brûlure).

- 2e division : les séraphins
Définition : êtres majestueux avec six ailes, des mains ou des voix humaines, au service de Dieu.

- 3e division : les archanges
Ce nom vient du grec *archaggelos,* dont la racine *archo* veut dire « chef ».

Les anges occupent une place importante dans les écritures bibliques, dont le rang et la dignité varie selon les textes sacrés. Les archanges sont considérés comme les anges principaux, tandis qu'il existe des anges moins importants, tels que mentionnés dans 1 Thessaloniciens 4:16, Jude 9 et Apocalypse 12:7. Les chérubins et les séraphins semblent ainsi appartenir à la hiérarchie angélique.

1 Thessaloniciens 16 :

Car le Seigneur lui-même, à un signal donné, à la voix d'un archange, et au son de la trompette de Dieu, descendra du ciel, et les morts en Christ ressusciteront premièrement.

On pense qu'il y a 7 archanges.
D'ailleurs, dans le Livre de la Révélation, nous retrouvons l'intervention de 7 anges :

Apocalypse 8:6 ; 15:1 ; 15:6 ; 15:7 ; 15:6 ; 16:1 ; 17:1.

D'abord, nous avons Micaël :

Daniel 10:13 :
Le chef du royaume de Perse m'a résisté vingt et un jours ; mais voici, Micaël, l'un des principaux chefs, est venu à mon secours [...].

On comprend ensuite que Micaël est l'ange protecteur d'Israël.

Daniel 10:21 :

Mais je veux te faire connaître ce qui est écrit dans le livre de la vérité. Personne ne m'aide contre ceux-là, excepté Micaël, votre chef.

On le trouve aussi dans Apocalypse 12:7-8 :

Et il y eut guerre dans le ciel. Michel et ses anges combattirent contre le dragon. Et le dragon et ses anges combattirent, mais ils ne furent pas les plus forts, et leur place ne fut plus trouvée dans le ciel.

Il est intéressant de noter que Gabriel est souvent considéré comme un archange, même s'il n'y a pas de texte biblique explicite qui le mentionne en tant que tel.

Dans Daniel 8 et 9, Gabriel vient ouvrir l'intelligence de Daniel pour lui expliquer la vision du bélier et du bouc ainsi que le mystère de 70 semaines.

Nous voyons aussi dans Luc 1 que c'est Gabriel qui annonce la naissance de Jean et de notre Seigneur Jésus à Marie.

Il est à noter que toutes les catégories d'anges sont missionnées pour être aux côtés des hommes d'une façon ponctuelle ou d'une manière plus assidue et présente dans certaines circonstances. Nous pensons que, dès qu'un chrétien est né de nouveau, il y a un ange qui est affecté à son service. C'est d'ailleurs la catégorie par légions.

À ce sujet, je vous invite à lire ce verset incontournable :

Actes 12:15 :
Ils lui dirent : Tu es folle. Mais elle affirma que la chose était ainsi. Et ils dirent : C'est son ange

Le seigneur peut aussi envoyer d'autres anges lors de certains combats comme l'annonce de l'Évangile et lorsque nous avançons dans le ministère et que nous entrons de plus en plus dans l'onction. Il y a plusieurs anges qui viennent s'ajouter et qui restent avec nous jusqu'à la fin de nos jours.

Les anges poussent les gens en avant, vers le rachat de leurs fautes, vers l'espace du prédicateur ou de l'église, afin qu'ils entendent l'Évangile. En réalité, il n'y a que le Saint-Esprit qui est le consolateur et peut convaincre les cœurs.

Jean 16:7-8 :

Cependant je vous dis la vérité : il vous est avantageux que je m'en aille, car si je ne m'en vais pas, le consolateur ne viendra pas vers vous ; mais, si je m'en vais, je vous l'enverrai. Et quand il sera venu, il convaincra le monde en ce qui concerne le péché, la justice, et le jugement.

Les anges peuvent aussi emmener la personne dans un endroit où elle se posera des questions, où elle sera à la recherche de la Bonne Nouvelle. Ils poussent l'humanité dans des lieux qui leur permettront d'accéder au salut.

Par exemple, dans Actes 10, l'ange conduit Corneille à Pierre afin que ce dernier lui annonce l'Évangile.

Nous savons que lors du dernier réveil que l'Église de Jésus-Christ va connaître, il y aura une grande activité angélique, comme cela n'est jamais arrivé auparavant sur cette terre.

Pour écarter toute confusion, parlons maintenant des êtres vivants mentionnés dans la Bible, en tant qu'entités distinctes des séraphins, des chérubins, des archanges et des anges.

Apocalypse 4:6-8 :

Il y a encore devant le trône comme une mer de verre, semblable à du cristal. Au milieu du trône et autour du trône, il y a quatre êtres vivants remplis d'yeux devant et derrière. Le premier être vivant est semblable à un lion, le second être vivant est semblable à un veau, le troisième être vivant a la face d'un homme, et le quatrième être vivant est semblable à un aigle qui vole. Les quatre êtres vivants ont chacun six ailes, et ils sont remplis d'yeux tout autour et au-dedans. Ils ne cessent de dire jour et nuit : Saint, saint, saint est le Seigneur

Dieu, le Tout-Puissant, qui était, qui est, et qui vient !

Comme nombre de croyants, nous pouvons nous demander qui sont les 4 êtres vivants de l'Apocalypse.

En réalité, la Bible nous donne certains indices sur leur position. Ils se trouvent au 3e ciel – un niveau qui a l'air très élevé puisqu'ils sont très proches du trône du Seigneur, autant que les 24 vieillards et les 7 esprits de Dieu.

Je vous invite à lire Apocalypse 4 en entier.

Vous remarquerez aussi, dans le chapitre 6 de ce même livre, que lorsque l'agneau de Dieu ouvre le premier sceau, c'est l'un des êtres vivants précédemment cités qui ordonne au premier cheval blanc – qui représente l'anti-Christ –, de partir. À l'ouverture du deuxième sceau, c'est le deuxième être vivant qui intervient, et ainsi de suite jusqu'au quatrième être vivant.

Ouverture du 1er sceau : Apocalypse 6:1-2 :

Je regardai, quand l'agneau ouvrit un des sept
sceaux, et j'entendis l'un des quatre êtres vivants
qui disait comme d'une voix de tonnerre : Viens. Je
regardai, et voici, parut un cheval blanc. Celui qui le
montait avait un arc ; une couronne lui fut donnée,
et il partit en vainqueur et pour vaincre.

Ouverture du 2ᵉ sceau : Apocalypse 6:3-4 :

Quand il ouvrit le second sceau, j'entendis le
second être vivant qui disait : Viens. Et il sortit un
autre cheval, roux. Celui qui le montait reçut le
pouvoir d'enlever la paix de la terre, afin que les
hommes s'égorgeassent les uns les autres ; et une
grande épée lui fut donnée.

Ouverture du 3ᵉ sceau : Apocalypse 6:5-6 :

Quand il ouvrit le troisième sceau, j'entendis le
troisième être vivant qui disait : Viens. Je regardai,
et voici, parut un cheval noir. Celui qui le montait
tenait une balance dans sa main. Et j'entendis au
milieu des quatre êtres vivants une voix qui disait :
Une mesure de blé pour un denier, et trois mesures

d'orge pour un denier ; mais ne fais point de mal à l'huile et au vin.

Ouverture du 4e sceau : Apocalypse 6:7-8 :

Quand il ouvrit le quatrième sceau, j'entendis la voix du quatrième être vivant qui disait : Viens. Je regardai, et voici, parut un cheval d'une couleur pâle. Celui qui le montait se nommait la mort, et le séjour des morts l'accompagnait. Le pouvoir leur fut donné sur le quart de la terre, pour faire périr les hommes par l'épée, par la famine, par la mortalité, et par les bêtes sauvages de la terre.

Il est vrai que les quatre êtres vivants présentent des similitudes avec ces quatre animaux que nous trouvons dans le premier chapitre du Livre d'Ézéchiel et beaucoup de chrétiens font l'amalgame. Dans le livre de l'Apocalypse au chapitre 4, nous avons 4 êtres vivants :

- Le premier, semblable à un lion avec 4 ailes et remplis d'yeux tout autour et au-dedans.

- Le deuxième, semblable à un veau avec 4 ailes et remplis d'yeux tout autour et au-dedans.

- Le troisième, à la face d'un homme avec 4 ailes et remplis d'yeux tout autour et au-dedans.

- Le quatrième, semblable à un aigle avec 4 ailes et remplis d'yeux tout autour et au-dedans.

Dans le livre d'Ézéchiel au chapitre 1, nous avons 4 animaux et ils sont identiques :

Ils ont chacun 4 faces (une face d'homme, une de lion, une de bœuf et une d'aigle). Ils sont tous dotés de 4 ailes et possèdent des mains d'homme sous leurs ailes, avec des pieds droits, dont la plante est comme celle d'un veau.

Et ces 4 animaux sont en réalité des chérubins :

Ézéchiel 9:3.

La gloire du Dieu d'Israël s'éleva du chérubin sur lequel elle était, et se dirigea vers le seuil de la maison ; et il appela l'homme vêtu de lin, et portant une écritoire à la ceinture.

Pour conclure ce chapitre, ce que nous devons retenir de ces êtres vivants, c'est leur position très élevée.

À mon grand étonnement, cependant, les anges sont constamment dans l'adoration. En effet, ils ne cessent de répéter jour et nuit : *Saint, saint, saint est le Seigneur Dieu, le Tout-Puissant, qui était, qui est, et qui vient !*

Cela me rappelle ce que Jésus a dit à la Samaritaine :

Jean 4:24 :
Dieu est Esprit, et il faut que ceux qui l'adorent l'adorent en esprit et en vérité...

Ma prière est la suivante : que Dieu fasse de nous des adorateurs en esprit et en vérité, peu importe notre niveau d'élévation dans les mois ou les années à venir, qu'ils nous gardent dans l'humilité.

La souveraineté de Dieu et la puissance de la croix

IV CHAPITRE

Dans le milieu chrétien, il m'est arrivé plus d'une fois d'échanger avec des frères et des sœurs en Christ et j'ai très souvent constaté que nous ne sommes pas conscients de la souveraineté de Dieu.

Je me souviens d'un matin où le Seigneur m'a dit, de façon très claire, de lire Romains 9. J'ai aussitôt compris par la grâce de Dieu, à travers ce seul chapitre, un bon nombre de phénomènes. Il est vrai que le Très-Haut est souverain et que nous ne pouvons le comparer à personne.

Voyez ce qu'il annonce à Moïse :

Romains 9:15 :

Car il dit à Moïse : Je ferai miséricorde à qui je fais miséricorde, et j'aurai compassion de qui j'ai compassion.

Si nous lisons le même passage dans la Bible, dans la version Parole de Vie, c'est beaucoup plus clair :

En effet, il dit à Moïse : « J'aurai pitié de qui je veux avoir pitié, je serai bon avec qui je veux être bon. »

Paul le confirme dans le verset suivant :

Romains 9:16 :

Ainsi donc, cela ne dépend ni de celui qui veut, ni de celui qui court, mais de Dieu qui fait miséricorde.

Il faut bien comprendre que le Seigneur endurcit celui qu'il a choisi tout comme il pardonne celui qu'il a désigné. Souvenez-vous de cet épisode avec Pharaon. Rappelez-vous combien le Tout-Puissant a endurci son cœur afin que le nom « l'Éternel des armées » soit glorifié sur toute la terre, et cela, jusqu'à nos jours. Aujourd'hui, qui n'a pas entendu parler des dix plaies d'Égypte ? Qui ne sait pas que les eaux du Nil ont été transformées en sang, qui n'a pas eu vent de l'invasion des grenouilles, des moustiques, puis des mouches, de la disparition des troupeaux, de l'épidémie de pustules, de l'orage de grêle, de la prolifération de sauterelles, des ténèbres et enfin de la mort des premiers-nés ?

Je vous invite à lire le Livre de l'Exode pour vous le remémorer.

Qui peut contester le Seigneur, même à notre ère ? Personne, n'est-ce pas ? C'est le Très-Haut qui nous appelle afin que ses plans s'exécutent sans que ceux-ci dépendent de nos œuvres.

Dans Proverbes 19:21, le clou est enfoncé :

Il y a dans le cœur de l'homme beaucoup de projets, Mais c'est le dessein de l'Éternel qui s'accomplit.

Dans Philippiens 2:13, l'affirmation est sans appel ; nous n'en sommes pas à l'origine :

Car c'est Dieu qui produit en vous le vouloir et le faire, selon son bon plaisir.

Dans Lamentations 3:38, nous en avons encore la confirmation :
Qui dira qu'une chose arrive, Sans que le Seigneur l'ait ordonnée ?

Même Job 42:2 déclare à Dieu :
Je reconnais que tu peux tout, Et que rien ne s'oppose à tes pensées.

Ou encore dans Jean 15:5, Jésus lui-même nous dit que, sans lui, rien ne nous est pas possible :
Je suis le cep, vous êtes les sarments. Celui qui demeure en moi et en qui je demeure porte beaucoup de fruit, car sans moi vous ne pouvez rien faire.

En poursuivant cette réflexion sur la souveraineté de Dieu, je ne peux m'empêcher de m'interroger sur les implications profondes que cette vérité a sur notre vie quotidienne. Si le Seigneur est véritablement souverain, et il l'est, alors comment devrions-nous vivre et réagir face aux défis qui se présentent à nous ?

Tout d'abord, si nous reconnaissons l'autorité suprême du Très-Haut, cela suffira à nous apporter une paix intérieure immense. Dans un monde qui semble souvent chaotique et incertain, savoir que Dieu a le contrôle total de toutes choses offre un réconfort indéniable. Peu importe les tempêtes qui se lèvent autour de nous, nous pouvons être assurés que le Seigneur ne nous abandonnera jamais.

Comme cela est écrit dans Philippiens 4:7 :
Et la paix de Dieu, qui surpasse toute intelligence, gardera vos cœurs et vos pensées en Jésus-Christ.

Alors conscients de cette puissance divine, nous devons ensuite vivre dans une profonde humilité. Nous nous rendons compte du fait que nos réussites, nos échecs, nos talents, et même nos limitations interviennent tous sous le regard bienveillant du Seigneur. Cela nous pousse à la gratitude pour chaque bénédiction, mais aussi pour chaque épreuve, sachant que *toutes choses concourent au bien de ceux qui aiment Dieu [...]*, selon Romains 8:28.

De plus, cette reconnaissance nous amènerait à n'en point douter à une totale confiance en Dieu. Parfois, nous résistons à sa volonté, en nous agrippant à nos propres plans et à nos désirs. Pourtant, comme le Seigneur fait miséricorde à qui il veut, notre prière quotidienne devrait être que notre volonté s'aligne sur la sienne. Et nous disons « amen » sept fois ! C'est alors que nous expérimentons une vie pleinement épanouie et remplie du Saint-Esprit.

Enfin, dans notre marche avec Dieu, nous devrions être des témoins de cette souveraineté divine auprès des autres. Notre foi, notre paix, et notre amour doivent briller dans un monde qui a tant besoin de lumière. Nous sommes appelés à être des ambassadeurs de Christ, guidant les âmes perdues vers celui qui contrôle le destin de l'Univers.

En conclusion, appréhender l'autorité suprême du Très-Haut ne signifie pas qu'il nous faut saisir tous ses mystérieux desseins. Bien que ses voies se situent souvent au-delà de notre compréhension, nous pouvons marcher dans la confiance et l'assurance que son plan est parfait. Et lorsque nous nous en remettons totalement à lui, nous découvrons la beauté de vivre sous son règne bienveillant et puissant.

Je sais bien que la plupart des croyants vont m'opposer le fait qu'il n'est pas facile de placer toute sa confiance dans le Seigneur... Il n'est déjà pas aisé de respecter l'un des commandements principaux du Tout-Puissant :

Jean 13:34-35 :

Je vous donne un commandement nouveau : Aimez-vous les uns les autres ; comme je vous ai aimés, vous aussi, aimez-vous les uns les autres. À ceci tous connaîtront que vous êtes mes disciples, si vous avez de l'amour les uns pour les autres.

Ou encore de fuir des tentations contraires à la vie de l'Esprit, lesquelles sont décrites dans Galates 5:19-21 : les querelles, les jalousies, les colères, les rivalités, les divisions, la haine, l'immoralité sexuelle, la débauche, etc.

En réalité, il nous faut comprendre que Dieu ne nous demande pas de le faire par notre propre effort. Paul nous l'explique :

Romains 7: 18.
Ce qui est bon, je le sais, n'habite pas en moi, c'est-à-dire dans ma chair : j'ai la volonté, mais non le pouvoir de faire le bien.

En tant que chrétien né de nouveau, j'ai pris conscience du fait que le Seigneur souhaite que ses attentes vis-à-vis de nous deviennent une réalité dans la vie de chacun de ses enfants.

Romains 8:1-4 (version Segond 21) :

Il n'y a donc maintenant aucune condamnation pour ceux qui sont en Jésus-Christ. En effet, la loi de l'Esprit qui donne la vie en Jésus-Christ m'a libéré de la loi du péché et de la mort, car ce qui était impossible à la loi parce que la nature humaine la rendait impuissante, Dieu l'a fait : il a condamné le péché dans la nature humaine en envoyant à cause du péché son propre Fils dans une nature semblable à celle de l'homme pécheur. Ainsi, la justice réclamée par la loi est accomplie en nous qui vivons non conformément à notre nature propre mais conformément à l'Esprit.

C'est pour cette raison qu'il nous est dit un peu plus loin, dans le verset 14 : *Car tous ceux qui sont conduits par l'Esprit de Dieu sont fils de Dieu.*

Voici la grande question qui découle de ce texte biblique : de quelle façon devons-nous *marcher* ou « vivre » par l'Esprit de Dieu ?

La réponse est la suivante : il nous faut mettre en application Romains 3:4-5. Je m'explique : le troisième chapitre de Romains nous montre avec clarté que la justice divine passe par la foi en Jésus-Christ, à laquelle la loi et les prophètes de l'Ancienne Alliance rendent témoignage, car nul ne sera justifié par les œuvres de la loi puisque Jésus-Christ représente la fin de celle-ci.

Voici ce qui est écrit dans Romains 3:24-26 (version Segond 21) :

Et ils sont gratuitement déclarés justes par sa grâce, par le moyen de la libération qui se trouve en Jésus-Christ. C'est lui que Dieu a destiné à être par son sang une victime expiatoire pour ceux qui croiraient. Il démontre ainsi sa justice, puisqu'il avait laissé impunis les péchés commis auparavant, à l'époque de sa patience. Il la démontre dans le temps présent de manière à être juste tout en déclarant juste celui qui a la foi en Jésus.

Romains 4 nous parle de la justification par la foi, à l'exemple d'Abraham :

Romains 4:3-5 (version Segond 21) :

En effet, que dit l'Écriture ? Abraham a eu confiance en Dieu et cela lui a été compté comme justice. Or, si quelqu'un accomplit quelque chose, le salaire est porté à son compte non comme une grâce, mais comme un dû. Par contre, si quelqu'un ne fait rien mais croit en celui qui déclare juste l'impie, sa foi lui est comptée comme justice.

Cela signifie qu'Abraham crut en Dieu et que cela lui a été attribué comme une action juste. Cet enseignement s'applique également à nous :

Romains 4:2-25 (Segond 21)

Or ce n'est pas pour lui seulement qu'il est écrit que la foi a été portée à son compte, mais c'est aussi pour nous. Elle sera portée à notre compte, puisque nous croyons en celui qui a ressuscité Jésus notre Seigneur, lui qui a été donné à cause de nos fautes et qui est ressuscité à cause de notre justification.

Romains 5:1-2 (version Semeur) fait référence aux fruits de la justification, lesquels prospèrent par la foi. Le verset commence par une puissante révélation, que voici :

Puisque nous avons été déclarés justes en raison de notre foi, nous sommes en paix avec Dieu grâce à notre Seigneur Jésus-Christ. Par lui, nous avons eu accès, au moyen de la foi, à ce don gratuit de Dieu qui nous est désormais acquis ; et notre fierté se fonde sur l'espérance d'avoir part à la gloire de Dieu.

Dans Romains 6, il est question de la nouvelle naissance, que nous retrouvons aussi dans Jean 3. Jésus explique alors à Nicodème que, pour entrer dans le royaume de Dieu, il faut naître d'eau et d'Esprit.

Romains 6:6 :
Sachant que notre vieil homme a été crucifié avec lui, afin que le corps du péché fût détruit, pour que nous ne soyons plus esclaves du péché.

C'est en cela qu'il est important de marcher au travers de l'Esprit de Dieu.

Il nous faut premièrement vivre un renouvellement d'intelligence, un changement de mentalité. Il nous faut avoir les pensées ainsi que le caractère de Christ. D'ailleurs, la Bible le dit bien : *tel il est, tels nous sommes aussi* (1 Jean 4:17).

Secondement, nous devons passer l'habit de Jésus : *revêtir l'homme nouveau, créé selon Dieu dans une justice et une sainteté que produit la vérité* (Éphésiens 4:24) afin que *nous marchions en nouveauté de vie* (Romains 6:4).

Il reste indispensable, si tu veux que Christ soit révélé en toi, que tu meures à toi-même et que tu t'abandonnes au Saint-Esprit. C'est la seule option pour plaire au Très-Haut et cheminer dans la victoire.

Si nous vivons et marchons par l'Esprit de Dieu, il s'avère essentiel de comprendre que la transformation personnelle est un processus continu. La vie chrétienne n'est pas un sprint, mais un marathon qui nécessite persévérance, discipline et, surtout, d'être profondément relié au Seigneur. C'est une marche quotidienne, au cours de laquelle chaque pas, chaque décision que nous prenons, est une opportunité de refléter la gloire de Dieu à travers notre vie.

La force de la communauté et de la prière

Une autre dimension cruciale pour rester fidèle à cet appel est l'importance de la communauté. L'église n'est pas simplement un bâtiment ou un rituel hebdomadaire, mais une famille de croyants unis dans leur foi.

Dans Actes 2, on voit l'exemple de la première église qui vivait en communion, partageant non seulement ses ressources, mais aussi ses joies et ses luttes. C'est dans la communauté que nous trouvons le soutien nécessaire pour avancer ensemble, en nous encourageant mutuellement à persévérer dans la foi.

De plus, la prière est notre ligne directe avec Dieu. Par celle-ci, nous nous alignons sur sa volonté. Nous faisons l'expérience de sa présence, nous lui exprimons nos inquiétudes, et nous recevons sa sagesse et sa paix. Comme il est écrit dans Jacques 5:16 : *la prière fervente du juste a une grande efficacité*. Ne sous-estimons jamais le pouvoir de la prière ardente pour transformer notre vie et influencer notre environnement.

La joie dans l'obéissance

L'obéissance à Dieu peut parfois sembler restrictive, mais elle est en réalité libératrice. Chaque commandement du Seigneur n'est pas une limitation, mais une porte ouverte vers une vie de plénitude. *Si vous m'aimez, gardez mes commandements*, dit Jésus dans Jean 14:15. L'obéissance demeure l'indicateur de notre amour pour le Très-Haut, et cela nous propulse dans des dimensions spirituelles que nous ne pouvons atteindre par nos propres moyens.

Une vie de foi en action signifie aussi être prêts à abandonner nos zones de confort pour suivre les directions divines, même lorsqu'elles paraissent déroutantes. Souvenons-nous de Pierre marchant sur l'eau (Matthieu 14) : tant qu'il restait les yeux fixés sur Jésus, il était capable de réaliser l'impossible. Cela nous invite à conserver cette même focalisation sur Christ pour naviguer parmi les défis de notre quotidien.

Vivre en tant que sel et lumière

Enfin, notre existence en Christ nous appelle à être le sel de la terre et la lumière du monde (Matthieu 5:13-16). Nous avons un rôle prophétique à jouer, éclairant les ténèbres par notre exemple et notre témoignage. Dans un monde souvent obnubilé par l'égoïsme et l'individualisme, notre vie doit cependant rayonner l'amour et la compassion de Christ. Cela se voit dans nos interactions, notre travail, et la manière dont nous traitons ceux qui nous entourent.

Cela demande du discernement, une écoute attentive de la voix de Dieu, et un cœur toujours prêt à agir selon sa volonté. Parfois, être la lumière signifie aussi être la voix qui parle en faveur de la justice, de la vérité, et de la grâce, même lorsque cela s'avère difficile ou impopulaire.

Faire de Christ la priorité centrale

Pour les véritables disciples de Jésus, il est impératif que Christ reste au centre de notre vie. Lorsque nous nous engageons à lui donner la première place, toutes les autres choses s'alignent sur lui, et nous évitons de nous faire submerger par les préoccupations secondaires. Avoir Christ comme centre, c'est choisir chaque jour de vivre pour lui, plaçant sa volonté au-dessus de nos désirs momentanés ou de nos compréhensions limitées.

En cultivant un cœur désireux de le connaître et de le suivre, nous découvrons que notre parcours spirituel devient non seulement un chemin de défis, mais aussi de grandes bénédictions. C'est un engagement au quotidien à marcher dans ses voies, un pas à la fois, en manifestant la dimension divine de notre appel ici sur Terre.

Ainsi, que chaque croyant continue d'examiner sa propre vie, demandant à Dieu de révéler les aspects dans lesquels il peut encore croître, et d'ajuster sa vision pour voir à travers ses yeux, afin de témoigner de sa grâce et de sa gloire autour de soi. Nos vies sont une missive adressée au monde, et il est de notre devoir de rendre cette lettre compréhensible et attrayante pour ceux qui cherchent le sens et la vérité au milieu des complexités de l'existence.

Conclusion

Avant d'arriver à notre conclusion, il est important de souligner, comme il est dit dans Psaumes 90:2 : *avant que les montagnes fussent nées, Et que tu eusses créé la terre et le monde, D'éternité en éternité tu es Dieu.*

Le Seigneur est le Père de tous les esprits, aussi bien de ceux qui sont visibles que ceux qui demeurent invisibles. En tant que Dieu incréé, il n'a ni commencement ni fin. Tous les esprits ont été créés par lui : les anges, les archanges, les séraphins, les chérubins, parmi lesquels se trouvait le diable avant sa chute, ainsi que les anges déchus et les humains. Tous ces êtres spirituels ont une date de création ayant marqué leur naissance, mais n'ont pas de date de fin, car Dieu les a conçus pour exister éternellement.

Lisons ensemble quelques passages de Psaumes 139 : **un hommage au Dieu présent partout et qui sait tout ; il exprime l'émerveillement, voire une certaine crainte, de l'homme sous le regard de Dieu.** Dieu connaît parfaitement l'homme et sa destinée avant même sa naissance, tandis que pour l'homme, ce mystère reste grand.

Psaumes 139:2-5 : « Dieu omniscient »

Tu sais quand je m'assieds et quand je me lève, Tu pénètres de loin ma pensée ; Tu sais quand je marche et quand je me couche, Et tu pénètres toutes mes voies. Car la parole n'est pas sur ma langue, Que déjà, ô Éternel ! tu la connais entièrement. Tu m'entoures par derrière et par devant, Et tu mets ta main sur moi.

Psaumes 139:6-8 : « Dieu omniprésent »

Une science aussi merveilleuse est au-dessus de ma portée, Elle est trop élevée pour que je puisse la saisir. Où irais-je loin de ton esprit, Et où fuirais-je loin de ta face ? Si je monte aux cieux, tu y es ; Si je me couche au séjour des morts, t'y voilà.

Psaumes 139:15-17 : « Dieu puissant créateur et omnipotent »

Mon corps n'était point caché devant toi, Lorsque j'ai été fait dans un lieu secret, Tissé dans les profondeurs de la terre. Quand je n'étais qu'une masse informe, tes yeux me voyaient ; Et sur ton livre étaient tous inscrits les jours qui m'étaient destinés, avant qu'aucun d'eux existât. Que tes pensées, ô Dieu, me semblent impénétrables ! Que le nombre en est grand !

Psaumes 139:23-24 : « Ma prière »

Sonde-moi, ô Dieu, et connais mon cœur ! Éprouve-moi, et connais mes pensées ! Regarde si je suis sur une mauvaise voie, Et conduis-moi sur la voie de l'éternité !

Rappelez-vous, dans les chapitres suivants, nous avons exploré la réalité tangible du monde spirituel avec, d'un côté, le royaume de Dieu et, de l'autre, celui des ténèbres. Nous avons discuté de certaines mythologies, qu'elles soient grecques, romaines ou d'autres origines, il est frappant de constater que derrière chaque divinité se cachent des esprits régissant le royaume des ténèbres.

Il demeure essentiel de se souvenir du fait que les mêmes esprits maléfiques qui étaient actifs sous les Empires grec et romain continuent aujourd'hui d'exercer leur influence sur notre monde.

Restons attentifs, car chaque changement dans notre mode de vie collectif – que ce soit à travers les médias, les réseaux sociaux, la politique, la culture ou l'éducation – n'est jamais le fruit du hasard. Bien que je ne dresse pas ici une liste exhaustive, il se révèle essentiel de saisir que chaque métamorphose, qu'elle soit perçue comme un progrès ou non, n'est jamais le fait d'une personne isolée ; derrière chaque changement, des esprits œuvrent pour un royaume déterminé.

Prenons d'abord l'exemple des médias. Les nouvelles, qu'elles soient véhiculées par la télévision, la radio ou les plateformes en ligne, ont le pouvoir de façonner notre compréhension de ce qui est bien ou mal, vrai ou faux. En contrôlant le narratif, les médias deviennent un outil puissant pour ceux qui cherchent à influer sur le monde. Les esprits du royaume des ténèbres ont tout le loisir d'exploiter cette influence, se dissimulant derrière des visages humains qui propagent la désinformation, la peur ou la division.

Les réseaux sociaux amplifient cette capacité. À une époque où l'instantanéité remplace la réflexion, les messages se répandent comme une traînée de poudre, atteignant des millions de personnes en quelques secondes. Bien que ces plateformes offrent la possibilité d'entrer en contact, de partager et d'apprendre les uns des autres, elles peuvent aussi être manipulées pour diviser, isoler et nuire. Les esprits visent à fragmenter la société, en nous poussant à privilégier la surface au détriment de la profondeur, la quantité au détriment de la qualité.

En politique, les influences s'avèrent tout aussi fortes. Les lois et les politiques ne sont pas seulement des outils de gestion ; elles reflètent les valeurs et les priorités d'une société. Lorsqu'une décision est prise, elle trace parfois une nouvelle voie pour une nation, bonne ou mauvaise. Les forces spirituelles peuvent entrer en jeu dans notre choix de direction, favorisant des politiques qui nous séparent de notre prochain, nous excluent ou nous oppressent. Pourtant, elles sont aussi à même d'inspirer des mouvements de justice, de paix et de solidarité.

Nous vivons dans un monde saturé d'images et de bruits, un monde dans lequel la rapidité et la consommation dictent le rythme de notre existence. Les idoles de notre temps ne sont plus faites de marbre ou d'or, mais d'écrans lumineux et de transactions numériques. Celles-ci ne résident pas sur l'Olympe ou dans des temples grandioses, mais dans nos poches, constamment connectées à notre conscience collective.

Ces nouvelles divinités sont subtiles dans leur influence, pénétrant notre existence avec une promesse constante de distraction et de confort. Elles nous parlent à travers des notifications, guident nos choix, et façonnent notre réalité par le biais des algorithmes invisibles qui gouvernent les plateformes numériques. Elles incarnent les désirs modernes : notoriété, richesse, et validation instantanée. Les réseaux sociaux deviennent les autels modernes sur lesquels nous offrons notre attention et notre intimité.

L'apôtre Paul écrivait aux Romains : *ne vous conformez pas au siècle présent, mais soyez transformés par le renouvellement de l'intelligence afin que vous discerniez quelle est la volonté de Dieu, ce qui est bon, agréable et parfait* (Romains

12 :2). Ce verset résonne avec une profondeur accrue à notre époque, au cours de laquelle la manipulation subtile des divinités modernes demande une transformation intérieure. Cette dernière, lorsque nous sommes croyants en Christ, nécessite obligatoirement de vivre la vie de l'Esprit, qui nous est décrite dans le Livre des Romains 8.

À la question « comment pouvons-nous révéler Christ en nous et marcher dans la victoire ? », la réponse est que nous devons, sans concession, développer une intimité avec le Saint-Esprit afin qu'il opère ce changement en nous et que nous revêtions l'homme nouveau, pour que nous marchions dans la sainteté et la justice. Dieu ne souhaite pas seulement nous revêtir. Son dessein est plus profond : le Seigneur veut métamorphoser notre manière de penser pour qu'elle soit conforme aux pensées de Christ.

1. **La prière constante** : la prière est le premier pas vers une communion authentique avec le divin. C'est par elle que nous pouvons entendre

la voix de Dieu et être sensibles à la direction du Saint-Esprit. Dans la prière, nous ouvrons notre cœur à une communication sincère avec notre Créateur, apprenant à reconnaître sa voix et ses instructions pour notre vie quotidienne.

2. **La méditation des Écritures** : la parole du Seigneur est une source inépuisable de sagesse et de vérité. En méditant régulièrement sur les textes sacrés, nous renouvelons notre esprit et ajustons nos pensées à celles de Christ. La Bible a le pouvoir de nous transformer de l'intérieur et de nous donner la clairvoyance nécessaire pour discerner la volonté de Dieu.

3. **La communauté de foi** : participer activement à une communauté de croyants nous fortifie et nous encourage dans notre parcours spirituel. La communion fraternelle nous offre soutien et responsabilité, tous deux essentiels pour surmonter les défis spirituels et grandir ensemble dans la foi.

4. **Le service envers autrui** : révéler Christ en passe également par le service. En servant les autres avec amour et compassion, nous incarnons l'amour du Christ et vivons sa mission sur Terre. C'est dans l'acte de donner sans attendre en retour que nous nous rapprochons le plus du cœur de Dieu.

5. **La reconnaissance de sa grâce** : enfin, il est vital de reconnaître que notre changement profond ne vient pas de nos propres forces, mais de la grâce infinie de Dieu. Accepter cette grâce avec humilité nous libère de la pression de vouloir tout contrôler, nous permettant de nous reposer dans l'amour incommensurable du Très-Haut.

En mettant en pratique ces principes, nous avançons pas à pas vers une transformation totale de notre être ; une véritable métamorphose qui reflète la lumière de Christ en nous et à travers nous. Chaque jour représente une nouvelle occasion de croître en spiritualité et de marcher dans la victoire que Dieu a promise à ceux qui demeurent en lui.

Ainsi, avec le Saint-Esprit comme guide et les Écritures comme fondations, nous pouvons espérer que notre vie soit une manifestation vivante de la paix, de la joie et de l'amour que seul Christ peut offrir.

Remerciements

Merci à toi Saint-Esprit qui m'a encouragé et inspiré à écrire ce troisième livre.
Pour ta présence bienveillante et ton influence dans tous les domaines de ma vie.

Je tiens également à remercier chaleureusement tous ceux qui ont choisi de se plonger dans ce livre.
Votre soutien précieux et vos retours enrichissants me touchent profondément et alimentent ma passion pour l'écriture.
Vos commentaires sont une véritable source de motivation...

Elie Kassim

COMPRENDRE L'INFLUENCE DU MONDE SPIRITUEL DANS NOTRE VIE

La Bible en parle !